Descobrir Jogos Online Grátis

Disponível Aqui:

BestActivityBooks.com/FREEGAMES

5 DICAS PARA COMEÇAR

1) CÓMO RESOLVER LAS SOPA DE LETRAS

Os puzzles têm um formato clássico:

- As palavras estão escondidas sem espaços ou hífenes,...
- Orientação: As palavras podem ser escritas para a frente, para trás, para cima, para baixo ou na diagonal (podem ser invertidas).
- As palavras podem sobrepor-se ou intersectar-se.

2) APRENDIZAGEM ACTIVA

Ao lado de cada palavra há um espaço para anotar a tradução. Para encorajar a aprendizagem activa, um **DICIONÁRIO** no final desta edição permitir-lhe-á verificar e expandir os seus conhecimentos. Procure e anote as traduções, encontre-as no puzzle e adicione-as ao seu vocabulário!

3) MARCAR AS PALAVRAS

Pode inventar o seu próprio sistema de marcação - talvez já use um? Pode também, por exemplo, marcar palavras difíceis de encontrar com uma cruz, palavras favoritas com uma estrela, palavras novas com um triângulo, palavras raras com um diamante, e assim por diante.

4) ESTRUTURANDO A APRENDIZAGEM

Esta edição oferece um **CADERNO DE NOTAS** prático no final do livro. Nas férias, em viagem ou em casa, pode facilmente organizar os seus novos conhecimentos sem a necessidade de um segundo caderno!

5) JÁ TERMINOU TODAS AS GRELHAS?

Nas últimas páginas deste livro, na secção **DESAFIO FINAL**, encontrará um jogo gratuito!

Rápido e fácil! Consulte a nossa colecção de livros de actividades para o seu próximo momento de diversão e **aprendizagem**, a apenas um clique de distância!

Encontre o seu próximo desafio em:

BestActivityBooks.com/MeuProximoLivro

Aos vossos lugares, preparem-se...Vão!

Sabia que existem cerca de 7.000 línguas diferentes no mundo? As palavras são preciosas.

Adoramos línguas e temos trabalhado arduamente para criar livros da mais alta qualidade para si. Os nossos ingredientes?

Uma selecção de tópicos adequados à aprendizagem, três boas porções de entretenimento, e depois acrescentamos uma colherada de palavras difíceis e uma pitada de palavras raras. Servimo-los com amor e máximo divertimento, para que possa resolver os melhores jogos de palavras e se divirta a aprender!

A sua opinião é essencial. Pode participar activamente no sucesso deste livro, deixando-nos um comentário. Gostaríamos de saber o que mais lhe agradou nesta edição.

Aqui está um link rápido para a sua página de encomendas:

BestBooksActivity.com/Avaliacoes50

Obrigado pela vossa ajuda e divirtam-se!

A Equipa Inteira

1 - Dirigindo

```
E  Ö  S  E  R  U  S  M  E  R  B  R  J  E  M
L  H  R  J  S  U  M  F  Q  W  Ð  H  U  U  Ó
D  I  C  Y  S  A  Q  F  E  I  D  L  Þ  K  T
S  I  H  B  G  N  Ö  G  E  H  S  K  T  O
N  M  Æ  K  R  G  X  X  R  O  T  Ó  M  R
E  Z  T  R  O  K  I  U  H  U  Ð  F  B  V  H
Y  N  T  S  A  M  G  Ö  N  G  U  R  Í  D  J
T  A  A  Y  A  X  Q  Ð  M  E  Q  K  L  P  Ó
I  L  Q  L  S  G  Y  Ú  K  V  Ð  F  S  B  L
Þ  G  Y  S  A  N  P  R  R  J  H  O  K  Í  I
L  E  Y  F  I  D  N  A  G  N  A  G  Ú  L  G
I  R  L  L  J  V  F  V  E  A  W  H  R  L  A
H  G  I  Q  T  F  X  H  P  Y  F  U  Ð  C  T
D  Ö  R  J  G  X  W  A  H  Y  U  B  C  C  A
H  L  Q  P  Ð  N  A  T  X  J  P  P  R  L  X
```

SLYS
BÍLL
ELDSNEYTI
VARÚÐ
VEGUR
BREMSUR
BÍLSKÚR
GAS
LEYFI
KORT

MÓTORHJÓL
MÓTOR
GANGANDI
HÆTTA
LÖGREGLAN
GATA
ÖRYGGI
SAMGÖNGUR
UMFERÐ
GÖNG

2 - Antiguidades

```
X  C  F  L  V  A  W  S  N  K  H  R  L  Á  N
E  N  D  U  R  R  E  I  S  N  L  Z  X  H  N
S  V  Q  Ð  U  Q  J  Þ  Ð  O  B  P  P  U  M
G  Æ  Ð  I  G  J  W  T  B  Þ  J  B  Ó  G  H
S  M  R  Ð  E  G  A  L  L  E  R  Í  V  A  Ú
K  Y  E  R  L  H  B  J  Í  Þ  S  B  E  M  S
R  N  V  I  Ö  G  T  S  T  E  D  N  A  G
E  T  I  V  S  G  A  U  E  B  S  R  J  Ð  Ö
Y  D  Ð  K  Æ  G  M  I  H  P  N  W  U  U  G
T  S  I  L  L  M  A  Ö  L  D  H  J  L  R  N
I  G  R  Z  G  Y  L  H  B  U  I  V  E  E  Ð
N  M  T  H  N  N  L  E  Þ  Q  O  S  G  K  I
G  Z  A  Z  P  D  S  F  G  S  F  W  T  T  K
A  C  O  R  G  A  E  G  F  Þ  I  Z  G  A  D
R  F  J  Á  R  F  E  S  T  I  N  G  A  N  J
```

LIST	ATRIÐI
EKTA	UPPBOÐ
SKREYTINGAR	HÚSGÖGN
GLÆSILEGUR	MYNT
ÁHUGAMAÐUR	VERÐ
HÖGGMYND	GÆÐI
STÍL	ENDURREISN
GALLERÍ	ÖLD
ÓVENJULEGT	VIRÐI
FJÁRFESTING	GAMALL

3 - Churrascos

```
K E G B K U Q F B O G P S Ð H
V W L N Q J P R Ö Þ E O U J Á
Ö Z M R Q H Ú F R P T M M H D
L Y A O X A E K N G U Z A W E
D S A D L Y K S L Ö J F R M G
M A S U C W A L W I W B O Ð I
A L I V T T I E H T N R A Þ S
T T T N Ó W D X J J T G R Z V
U U E Ö N T A F F G Ó L U P E
R E M Y L H M G K R M E T R R
M X N R I A U C L I A I X Þ Ð
T Z Æ A S Ó S N R L T K Ö N U
Þ J R P T E T L G L A I V Z R
I F G I H N Í F A U R R Á M C
P H Þ P Z B A E T Ð R Y N E Y
```

HÁDEGISVERÐUR	LEIKIR
BOÐ	GRÆNMETI
BÖRN	SÓSA
HNÍFA	TÓNLIST
FJÖLSKYLDA	PIPAR
HUNGUR	HEITT
KJÚKLINGUR	SALT
ÁVÖXTUR	SALÖT
GRILL	TÓMATAR
KVÖLDMATUR	SUMAR

4 - Pesca

```
V  L  Z  J  S  N  S  Z  S  L  Q  V  V  R  P
P  Í  C  T  V  Y  Q  T  R  L  J  N  Y  I  B
C  U  R  U  T  Á  B  K  Ö  E  T  N  T  V  X
G  B  F  G  K  Q  X  T  O  Ð  B  Z  N  E  Ð
Þ  W  J  Q  J  Þ  Y  N  G  D  U  Z  T  R  E
R  E  A  B  Á  T  Á  L  K  N  I  V  Q  O  H
Þ  Ý  R  E  L  K  R  Ó  K  U  R  H  A  S  A
O  K  A  U  K  L  U  C  K  E  Þ  O  F  T  F
L  J  N  K  A  Q  Ð  Í  T  S  R  Á  R  E  N
I  U  A  U  G  G  A  R  E  T  B  M  A  K  T
N  R  A  G  R  Q  N  X  L  O  W  E  K  F  A
M  W  Z  R  X  D  Ú  O  D  F  W  J  I  L  V
Æ  E  Y  Ð  Q  X  B  X  A  L  Q  O  B  T  I
Ð  X  I  Q  W  F  B  E  Þ  H  G  F  F  C  A
I  Q  N  J  Q  M  E  S  W  K  B  X  O  X  M
```

VATN	BEITA
UGGAR	STÖÐUVATN
BÁTUR	KJÁLKA
TÁLKN	HAF
KARFA	ÞOLINMÆÐI
ELDA	ÞYNGD
BÚNAÐUR	FJARA
ÝKJUR	RIVER
VÍR	ÁRSTÍÐ
KRÓKUR	

5 - Geologia

```
J Q Ð W K Ð T Ð H R O F K H V
S A R Ý S L A G M V S X V R G
K A R A L L A T S I R K A P W
C A L Ð K Ó R A L L I K R A Ð
D V L T S Á F U N N I S V N
H X J S R K Þ E L D F J A L L
R F G W Í Z J H Á L E N D I H
A C U Q Q U F Á N L N F S L R
U S V Æ Ð I M L L B I Q T L I
N C H S Z V K G D F E T E E N
S T A L A C T I T E T T I H G
U X W K R E I A F E S I N X R
I S W S U O Ð Þ U F B F N K Á
S T A L A G M I T E S N Þ E S
J R U R R B O J O Z B Y X D E
```

SÝRA	STALAGMITES
LAG	HRAUN
HELLI	STEINEFNI
KALSÍUM	STEINN
HRINGRÁS	HÁLENDI
ÁLFUNNI	KVARS
KÓRALL	SALT
KRISTALLAR	JARÐSKJÁLFTI
ROF	ELDFJALL
STALACTITE	SVÆÐI

6 - Ética

```
J  D  U  G  N  I  Ð  R  I  V  S  Y  I  H  H
C  I  M  I  I  N  Ý  S  T  R  A  J  B  O  E
D  P  B  K  T  Z  Y  S  N  R  M  T  A  N  I
R  L  U  I  Þ  C  N  Ð  R  G  S  W  J  Y  M
K  O  R  E  D  I  K  Ð  A  I  T  Z  G  J  S
R  M  Ð  L  E  Ð  Z  C  J  M  A  G  I  Q  P
S  A  A  R  D  Æ  F  U  G  E  R  V  L  V  E
Ð  T  R  A  L  M  H  B  N  S  F  E  D  I  K
V  I  L  Ð  I  N  Y  K  N  N  A  M  I  S  I
R  C  Y  I  V  I  L  Q  A  Y  L  M  F  K  Þ
D  A  N  E  Ð  L  V  R  S  K  Ð  M  Ú  I  D
Ð  H  D  H  Ó  O  F  N  J  S  B  S  N  Ð  R
A  Þ  I  J  G  Þ  Y  R  A  U  N  S  Æ  I  I
J  N  V  F  Ó  R  N  F  Ý  S  I  N  T  C  G
H  E  I  L  I  N  D  I  V  R  E  I  S  N  W
```

FÓRNFÝSI

GÓÐVILD

SAMÚÐ

SAMSTARF

REISN

DIPLOMATIC

HEIMSPEKI

HEIÐARLEIKI

MANNKYNIÐ

HEILINDI

BJARTSÝNI

ÞOLINMÆÐI

SKYNSEMI

SANNGJARNT

RAUNSÆI

VIRÐINGU

VISKI

UMBURÐARLYNDI

GILDI

7 - Tempo

```
S  Y  G  T  S  F  D  D  K  D  J  Y  P  W  Á
J  C  A  H  Þ  A  Ð  P  E  L  R  Þ  T  K  R
I  I  V  H  Þ  M  U  B  S  Y  U  D  C  P  L
G  A  D  Í  C  N  A  C  S  Ð  Ð  K  Ð  H  E
E  A  U  G  N  A  B  L  I  K  U  N  K  V  G
D  L  Ö  C  L  U  U  Þ  Ð  Z  N  Þ  K  A  A
Á  N  C  E  R  H  U  V  Í  Þ  Á  I  U  X  T
H  R  E  O  V  Á  U  L  T  Y  M  N  Ú  N  A
V  Á  A  M  J  Ð  I  D  M  B  Z  I  N  Q  K
Þ  C  T  T  B  U  B  S  A  O  Ð  V  E  O  Þ
F  C  Ú  T  U  R  Þ  T  R  F  R  U  G  A  D
V  Í  N  Ó  Y  G  Z  P  F  I  S  G  Z  R  N
I  G  Í  N  D  N  U  T  S  U  K  K  U  L  K
K  Æ  M  Z  E  Q  K  R  H  G  R  E  S  N  K
A  R  D  A  G  A  T  A  L  U  A  Þ  I  H  N
```

NÚNA	MORGUNN
ÁR	HÁDEGI
ÁÐUR	MÁNUÐUR
ÁRLEGA	MÍNÚTA
DAGATAL	AUGNABLIK
ÁRATUGUR	NÓTT
DAGUR	Í GÆR
FRAMTÍÐ	KLUKKA
Í DAG	VIKA
KLUKKUSTUND	ÖLD

8 - Astronomia

```
V  Þ  H  Q  G  A  J  B  T  C  J  R  K  J  E
O  Y  I  G  E  I  S  L  U  N  O  P  Þ  Ö  H
B  N  M  I  U  I  V  K  R  Y  M  S  J  R  Ð
S  G  N  U  A  K  K  O  Þ  D  M  T  M  Ð  M
E  D  E  H  M  R  H  L  N  A  E  Q  G  O  S
R  A  T  G  I  E  F  C  Z  C  A  X  U  I  S
V  R  I  A  N  M  E  G  E  I  M  F  A  R  I
A  A  A  L  R  U  I  Q  B  U  E  S  L  Ó  S
T  F  J  A  I  N  I  N  U  W  M  J  F  K  W
O  L  Y  X  T  R  X  N  N  I  Z  Þ  D  O  L
R  G  T  Y  S  Ö  Q  P  U  C  N  C  L  T  F
Y  N  P  X  Á  J  B  L  Þ  B  N  O  E  Z  C
O  U  I  Þ  M  T  N  E  D  K  Q  N  X  M  A
F  T  S  C  S  S  L  O  F  T  S  T  E  I  N
R  E  I  K  I  S  T  J  A  R  N  A  J  R  B
```

SMÁSTIRNI	ÞYNGDARAFL
GEIMFARI	TUNGL
HIMNETI	LOFTSTEIN
HIMINN	ÞOKKA
STJÖRNUMERKI	OBSERVATORY
COSMOS	REIKISTJARNA
MYRKVI	GEISLUN
EQUINOX	SÓL
ELDFLAUG	JÖRÐ
GALAXY	

9 - Acampamento

```
K  E  C  J  K  H  Q  S  H  J  Þ  N  L  S  B
T  L  G  N  U  T  M  O  K  Þ  D  B  C  T  Ú
F  L  E  V  A  Ð  K  K  F  Ó  N  A  K  Ö  N
M  A  D  F  E  C  V  V  E  E  G  H  R  Ð  A
J  J  J  A  A  I  E  L  D  U  R  U  I  U  Ð
S  F  U  B  Ð  X  Ð  P  Z  B  H  K  R  V  U
K  V  Y  O  U  T  F  A  O  F  L  N  Ý  A  R
O  Á  T  T  A  V  I  T  A  J  B  G  T  T  H
R  Þ  H  A  T  T  U  R  Z  V  M  T  N  N  E
D  K  O  R  T  R  E  I  P  I  M  É  I  X  N
Ý  N  Á  T  T  Ú  R  A  N  D  Ý  R  V  R  G
R  K  K  G  D  O  Z  U  X  U  A  T  Æ  E  I
P  G  E  C  T  J  A  L  D  R  H  X  P  L  R
B  G  R  V  L  I  I  A  O  A  B  M  Y  V  Ú
Q  D  J  N  M  F  T  O  Q  X  C  R  V  H  M
```

DÝR	SKÓGUR
ÆVINTÝRI	ELDUR
TRÉ	SKORDÝR
ÁTTAVITA	STÖÐUVATN
KLEFA	TUNGL
VEIÐA	HENGIRÚM
KANÓ	KORT
HATTUR	FJALL
REIPI	NÁTTÚRAN
BÚNAÐUR	TJALD

10 - Emoções

```
S G Þ Y R J R A I W L A J J V
P A E H U F U L L N Æ G T R A
E L F R T N Ð Y S S A M Ú Ð N
N Æ T S Á V I B M N K Q U G D
N S R Y L N R U Y Ó K U B P R
T B P R K A F R E T L K N P Æ
Ð G V N K H P Ó E T O G A P Ð
P A V D A E K P S I G V Y F A
Q T L U Þ K F A A I N H F S L
G G Þ V W V C N B Ð T N W S E
L E I Ð I N D I I I U Ð Z O G
C D S O R G E R Ð E T R U T U
B R Ð J W T U H E R P B Þ C R
Z Þ Z P E Z G D L I V Ð Ó G M
Ð X F N F T Þ Þ G P Z A S C E
```

GLEÐI	FRIÐUR
ÁST	REIÐI
SPENNT	AFSLAPPAÐUR
SÆLA	FULLNÆGT
GÓÐVILD	SAMÚÐ
LOGN	EYMSLI
EFNI	LEIÐINDI
VANDRÆÐALEGUR	RÓ
ÞAKKLÁTUR	SORG
ÓTTI	

11 - Ficção Científica

```
K  E  J  L  J  Þ  A  X  Ú  F  D  F  B  B  F
O  Y  S  O  Þ  L  R  D  T  J  Y  G  Æ  L  R
R  K  P  T  R  J  W  X  Ó  A  S  A  K  E  Á
A  K  R  U  V  A  H  D  P  R  T  L  U  K  B
N  U  E  K  V  É  U  P  Í  L  Ó  A  R  K  Æ
R  C  N  E  X  L  F  N  A  Æ  P  X  Þ  I  R
A  A  G  R  Y  W  Z  R  H  G  Í  Y  E  N  B
J  L  I  F  G  T  U  U  É  Æ  A  C  X  G  Í
T  R  N  I  O  S  I  M  Z  T  F  D  T  E  M
S  Æ  G  N  V  U  X  I  F  H  T  T  R  L  Y
I  I  K  U  H  E  M  E  E  F  Þ  J  E  D  N
K  L  C  N  S  E  Q  H  S  V  B  L  M  U  D
I  A  Q  L  I  N  N  E  M  L  É  V  E  R  A
E  K  V  I  K  M  Y  N  D  A  H  Ú  S  W  Ð
R  D  U  L  A  R  F  U  L  L  U  R  U  R  B
```

LOTUKERFINU
KVIKMYNDAHÚS
FJARLÆG
DYSTÓPÍA
SPRENGING
EXTREME
FRÁBÆR
ELDUR
GALAXY
BLEKKING

ÍMYNDAÐ
BÆKUR
DULARFULLUR
HEIMUR
VÉFRÉTT
REIKISTJARNA
RAUNHÆFT
VÉLMENNI
TÆKNI
ÚTÓPÍA

12 - Mitologia

```
R R E V C M Z Þ U E M L E V H
U T A E Ö G K I E C H K L D Ö
Ð H Ö G E L Ð U A D P X D L R
A E V F I N U P Ö K S Y I L M
M F F H R Þ A N P E K S N Æ U
S N Ð V A A S Q D D W V G S N
Ð D O O J R N O X A H L N R G
Í C Þ R T R K D Z C R Þ Ð U T
R D L O E H S E I X E H H G Ö
T I T Y H R S G T M Q U Ú I F
S T Y R K U R K J Y G I Y S U
Ó D A U Ð L E I K A P P W L N
Þ R U M U R G N I N N E M W D
H E G Ð U N A Þ J Ó Ð S A G A
S K R Í M S L I W S P L Z V X
```

ARKETYPE	ÓDAUÐLEIKA
ÖFUND	VÖLUNDARHÚS
HEGÐUN	ÞJÓÐSAGA
SKÖPUN	TÖFRANDI
SKEPNA	SKRÍMSLI
MENNING	DAUÐLEG
HÖRMUNG	ELDING
STYRKUR	SIGURSÆLL
STRÍÐSMAÐUR	ÞRUMUR
HETJA	HEFND

13 - Medições

```
H  I  A  Þ  P  Þ  Þ  V  A  T  D  Z  D  D  C
K  V  C  R  H  U  Z  H  U  F  O  Ð  S  N  N
S  N  G  C  Z  Q  Z  V  K  P  X  M  B  B  O
B  Y  X  Ð  S  Ð  F  B  A  A  Ð  M  M  Q  Þ
R  T  E  M  I  T  N  E  S  H  Z  A  F  U  N
B  B  O  G  L  G  Ð  Y  T  S  Y  R  H  Æ  Ð
V  G  D  C  H  I  R  T  A  P  K  G  E  U  X
Þ  Y  N  G  D  S  H  Á  F  Y  Ý  H  O  T  S
L  E  N  G  D  S  H  I  Ð  N  I  D  N  I  B
K  Í  L  Ó  M  E  T  R  A  A  C  U  N  G  Q
A  R  I  L  Æ  M  X  T  B  R  E  I  D  D  Ú
W  I  T  Í  W  T  Ð  Í  S  Z  M  T  P  S  N
Þ  T  O  K  C  Q  R  L  O  H  O  Æ  K  Ð  S
Y  M  N  M  Í  N  Ú  T  A  Z  U  B  R  R  A
K  Þ  N  X  H  S  U  N  I  D  K  N  K  E  M
```

HÆÐ
BÆTI
SENTIMETR
LENGD
AUKASTAF
GRAMM
GRÁÐA
BREIDD
LÍTRI
MESSI

MÆLIR
MÍNÚTA
ÚNSA
ÞYNGD
TOMMU
DÝPT
KÍLÓ
KÍLÓMETRA
TONN
BINDI

14 - Álgebra

```
Ó  Þ  I  F  C  W  P  X  C  S  A  L  D  B  Q
L  E  Á  C  R  L  S  V  I  G  A  Í  N  J  J
Á  R  N  T  P  Á  Y  T  L  Þ  M  N  Y  Ð  S
M  X  S  D  T  D  D  O  W  P  M  U  M  K  S
A  K  U  P  A  U  P  R  C  P  U  L  R  H  Þ
D  G  A  E  S  N  R  B  Á  Ð  S  E  A  U  Z
N  N  L  Z  I  K  L  Y  F  T  H  G  G  Y  W
A  D  L  A  F  N  I  E  P  G  T  Q  N  F  M
V  Þ  Ú  V  G  C  A  D  G  N  J  U  I  M  H
V  V  N  Þ  M  M  U  R  I  A  T  K  R  A  L
B  R  E  Y  T  A  L  Ú  M  R  O  F  Ý  G  P
B  J  A  C  Þ  K  S  H  C  V  Z  J  K  N  X
V  E  L  D  I  S  V  Í  S  I  R  B  S  W  F
N  Ú  M  E  R  A  O  K  A  E  W  S  J  C  Y
O  M  E  G  B  Y  H  W  J  A  F  N  A  Y  L
```

SKÝRINGARMYND	NÚMER
JAFNA	SVIGA
VELDISVÍSIR	VANDAMÁL
RANGT	MAGN
ÞÁTTUR	EINFALDA
FORMÚLA	LAUSN
BROT	SUMMA
ÓENDANLEGA	FRÁDRÁTTUR
LÍNULEG	BREYTA
FYLKI	NÚLL

15 - Plantas

```
J  B  I  Ð  P  K  S  N  S  Þ  D  N  Y  G  W
O  A  Ð  K  U  R  B  U  S  H  L  V  G  A  R
I  U  A  Y  B  Ó  I  V  Y  H  D  F  R  R  V
N  N  G  S  V  N  Q  K  Q  C  G  U  A  Ð  G
K  T  B  Q  Z  U  K  Y  O  B  O  G  S  U  K
T  I  N  H  Þ  B  U  Ð  X  Ð  O  N  A  R  Á
E  T  W  M  Ó  L  B  E  R  K  F  X  F  U  B
G  É  C  M  Y  A  M  O  S  S  Z  W  R  G  U
C  R  Q  Ð  M  Ð  S  Y  G  U  U  O  Æ  Ó  R
R  T  A  F  L  O  R  A  R  B  T  F  Ð  K  Ð
C  Ó  T  S  Y  H  A  Z  Ó  M  R  K  I  S  U
B  P  T  N  Ð  Ð  B  A  Ð  A  U  A  A  V  R
D  Þ  I  V  Q  Z  Q  H  U  B  J  Z  N  K  J
N  Ð  K  E  V  F  V  Y  R  Q  W  Þ  B  U  N
Q  K  P  K  E  J  F  Y  C  X  F  G  U  Q  F
```

BUSH	FLORA
TRÉ	SKÓGUR
BER	SM
BAMBUS	GRAS
GRASAFRÆÐI	IVY
KAKTUS	GARÐUR
JURT	MOSS
BAUN	KRÓNUBLAÐ
ÁBURÐUR	RÓT
BLÓM	GRÓÐUR

16 - Veículos

```
H  K  K  E  D  P  C  Z  S  I  B  Þ  Q  Y  E
J  W  A  J  R  E  F  I  R  E  D  S  D  D  L
Ó  A  R  F  D  R  Á  T  T  A  R  V  É  L  D
L  Þ  X  Q  B  S  A  O  Y  Z  Ð  A  B  E  F
H  Ð  Y  K  Y  Á  J  R  Ú  T  U  S  O  P  L
Ý  V  U  E  D  S  T  Ú  B  Þ  G  R  U  Q  A
S  N  P  M  D  I  K  U  K  H  Q  U  G  Y  U
I  O  S  X  B  G  N  U  R  R  O  T  Ó  M  G
F  L  E  K  I  X  A  T  T  A  A  Á  Q  I  S
N  A  V  H  K  J  P  S  W  L  B  B  Z  P  Þ
D  B  Z  U  Z  R  M  P  Q  R  A  H  Í  U  X
Ð  Í  M  D  P  V  E  Þ  P  Y  J  L  R  L  A
Z  L  Ó  J  H  Ð  I  E  R  Þ  E  U  A  Q  L
H  L  J  Y  D  M  F  V  Ö  R  U  B  Í  L  L
D  Y  Z  O  B  H  F  L  U  G  V  É  L  C  Ð
```

SJÚKRABÍLL	ÞYRLA
FLUGVÉL	FLEKI
FERJA	VESPU
BÁTUR	MÓTOR
REIÐHJÓL	RÚTU
VÖRUBÍLL	DEKK
HJÓLHÝSI	KAFBÁTUR
BÍLL	TAXI
ELDFLAUG	SKUTLA
VAN	DRÁTTARVÉL

17 - Engenharia

```
S  F  L  J  Ó  T  A  N  D  I  V  N  J  I  S
Á  K  X  S  H  O  N  Ð  I  F  É  C  X  Þ  T
S  Þ  Ý  C  Q  I  T  P  T  C  L  X  F  B  Ö
O  Þ  L  R  S  T  Y  R  K  U  R  V  V  D  Ð
Z  J  G  N  I  N  K  I  E  R  T  Ú  V  Í  U
F  L  A  I  Ð  N  L  B  B  S  N  R  V  S  G
M  V  C  Ð  Í  Z  G  N  I  G  G  Y  B  E  L
E  Ó  D  Q  M  X  L  A  J  Ý  N  K  Ð  L  E
D  E  T  R  S  W  A  M  R  M  R  P  P  A  I
Ý  N  J  O  E  O  R  K  A  M  I  H  X  T  K
P  T  H  X  R  I  H  Ð  D  J  Y  M  Á  L  I
T  I  B  X  F  C  F  G  B  N  R  N  T  S  W
Þ  V  E  R  M  Á  L  I  P  P  T  W  D  F  H
R  R  N  V  C  Z  Y  G  N  I  N  Ú  N  I  I
H  O  R  N  B  Q  I  D  J  G  N  I  L  Æ  M
```

NÚNING	ORKA
HORN	STÖÐUGLEIKI
ÚTREIKNING	BYGGING
SMÍÐI	STYRKUR
SKÝRINGARMYND	FLJÓTANDI
ÞVERMÁL	VÉL
DÍSEL	MÆLING
MÁL	MÓTOR
DREIFING	DÝPT
ÁS	KNÝJA

18 - Restaurante # 2

```
L A F F A G K K Þ T U U V V
Þ W J H M R S R V M J O N A R
N O X J J Æ L T Y M X Ó Z T W
Ú V H J Q N F L Ó D B J N N L
Ð Y R Ð C M A A Ð L D S Þ N J
L R U Ð R E V S I G E D Á H Ú
U Y T R U T T É R R O F K D F
R Í A D T I A O L F Y Q A R F
Y S M V X J L K Q W O D K Y E
U B D Ð Ö J A F Y U S V A K N
S G L U V N S D K Q X O A K G
Ú R Ö U Á B K F I S K U R U U
P P V C T M E I H M Z O B R R
A X K H K U I K I I O K Z W O
Z V H D S K Ð H A Y C N F W Q
```

HÁDEGISVERÐUR	ÞJÓNN
FORRÉTTUR	GAFFAL
VATN	ÍS
DRYKKUR	KVÖLDMATUR
KAKA	GRÆNMETI
STÓL	NÚÐLUR
SKEIÐ	FISKUR
LJÚFFENGUR	SALT
KRYDD	SALAT
ÁVÖXTUR	SÚPA

19 - Países #2

```
N Y Þ J S F U H T N X D G J P
P M D N A L S S Ú R Ð A E A A
S T V Ð L O Í T Í A H N U P K
N Í G E R Í A B F T B M M A I
U C H Y S D D A A Þ E Ö E N S
I N D Ó N E S Í A N V R X Z T
G F E Þ R P O L K I O K Í I A
Ú R R W K U A A Í U Þ N K Q N
K S I A C O L M A B T R Ó P M
R Ý Í K K Z I Ó M Ú G A N D A
A R R V K K P S A Í N A B L A
Í L L V B L L V J Y P M R A W
N A A I J M A A K S W G D P Þ
A N N F L G N N C W L B E P
Ð D D M I Z I W D D E I I N Q
```

ALBANÍA
DANMÖRK
FRAKKLAND
GRIKKLAND
HAÍTÍ
INDÓNESÍA
ÍRLAND
JAMAÍKA
JAPAN
LAOS

LÍBANON
MEXÍKÓ
NEPAL
NÍGERÍA
PAKISTAN
RÚSSLAND
SÝRLAND
SÓMALÍA
ÚKRAÍNA
ÚGANDA

20 - Cozinha

```
R Þ E F R G H Ð N G R K Q S U
U K K U R K D D Y R K E O V P
P T E V A Y A F O I F T M U P
M X D S N K S A O L X I C N S
A A S S N H J T Þ L O L N T K
V O F N I Y D J I Þ S L K U R
S D R U P Á K S S Í K Þ M Þ I
T M S E R V Í E T T A Ö Y T F
H S B J A F N H Z Y L V N A T
Þ L W F Ð U O S Y S L L C N P
T Y W C I P V R B Þ O Y H U U
S A R I E Z L Á K S B U N V Y
H N V H K W V W N S B R Í C N
P X P L S T Q X E D M J F X D
F J A U S A Ð R O B Ð A A J C
```

SVUNTU	FRYSTI
KETILL	FORKS
SKEIÐAR	ÍSSKÁPUR
AÐ BORÐA	GRILL
AUSA	SERVÍETTA
BOLLA	KRUKKU
KRYDD	KÖNNU
SVAMPUR	PINNAR
HNÍFA	UPPSKRIFT
OFN	SKÁL

21 - Material de Arte

```
L  G  S  L  Ó  T  S  E  Ð  R  P  B  K  O  L
U  Þ  K  E  P  O  R  A  T  N  A  Ý  L  B  N
S  A  U  I  Y  P  Z  Þ  R  U  S  L  R  E  W
T  K  R  R  Í  P  P  A  P  Ð  T  W  I  N  K
R  R  Ð  I  A  L  S  Æ  L  G  E  P  T  T  R
O  Ý  P  A  D  T  N  V  F  B  L  J  I  A  I
K  L  O  L  Í  A  S  Ð  Ð  A  L  Z  L  V  S
L  Ð  A  H  K  J  P  R  M  E  I  D  S  F  S
E  O  T  Þ  P  G  Ð  O  U  Y  T  T  N  Ð  Y
Ð  S  V  Q  H  P  G  B  O  B  I  L  T  C  M
U  K  M  Á  L  N  I  N  G  U  R  D  A  P  Þ
R  Ö  U  E  F  F  N  Þ  G  P  E  F  V  I  X
U  P  W  L  A  M  Y  N  D  A  V  É  L  W  J
Z  U  F  Í  K  Þ  Q  J  H  V  H  F  Q  C  S
I  N  T  M  B  I  Y  M  I  C  R  X  U  G  J
```

AKRÝL	LITI
STROKLEÐUR	SKÖPUN
VATNSLITIR	BURSTAR
LEIR	BLÝANTAR
VATN	BORÐ
STÓL	OLÍA
KOL	PAPPÍR
GLÆSLA	PASTELLITIR
MYNDAVÉL	BLEK
LÍM	MÁLNINGU

22 - Números

```
G X T K E A U K A S T A F V Þ
S K I R I E V T M Q E U W W I
I J W S N Á T X E S L G K C C
G I Þ K N M B P G G F I B D P
S I T W F N H G A Ö Q K B P O
F C B Z J Þ F E Á T J Á N J N
Þ R Í R Ó S I S E X F S Þ V Ú
P Y T B R R M U G U T T U T L
F A Q A I Y M G D H Í E Y N L
W I S A R J K U Þ R E T T Á N
E F M S A U T J Á N W N I T P
B F E M T T Ó L F D T Í T R X
A N Ð Y T T O J U T S U K Ó Ð
T S D H Á Á B X W J L K F J V
F N R E U G N X M E U R N F A
```

FIMM	FJÓRTÁN
AUKASTAF	FJÓRIR
TÍU	FIMMTÁN
SEXTÁN	SEX
SAUTJÁN	SJÖ
ÁTJÁN	ÞRETTÁN
TVEIR	ÞRÍR
TÓLF	EINN
NÍU	TUTTUGU
ÁTTA	NÚLL

23 - Física

```
W  L  S  N  H  S  T  S  I  E  M  E  Þ  B  V
G  A  S  G  M  R  A  U  H  F  U  Q  É  A  K
Þ  Ð  C  A  N  D  Ö  M  P  N  K  Z  T  J  V
L  O  Ð  M  C  P  J  Ð  E  I  R  K  T  D  U
U  R  K  L  V  É  L  O  U  I  O  K  L  L  R
Ð  F  D  U  Þ  M  W  N  Þ  N  N  S  E  Q  E
Þ  Y  N  G  D  A  R  A  F  L  R  D  I  R  P
D  N  I  E  F  A  R  T  J  H  A  O  K  Ö  V
W  A  S  S  F  T  N  F  K  U  J  G  I  G  É
A  F  S  T  Æ  Ð  I  Þ  Z  A  K  R  T  N  L
M  U  U  Y  S  Z  Z  Y  Ð  X  O  B  W  M  F
N  E  D  Ð  H  J  E  X  O  I  D  I  S  O  R
Y  B  S  A  T  Ó  M  F  O  R  M  Ú  L  A  Æ
M  H  Þ  S  T  Í  Ð  N  I  H  R  A  Ð  A  Ð
T  X  A  Ð  I  L  H  L  A  N  S  R  Y  Þ  I
```

HRÖÐUN	MESSI
ATÓM	VÉLFRÆÐI
ROÐA	SAMEIND
ÞÉTTLEIKI	VÉL
RAFEIND	KJARNORKU
FORMÚLA	ÖGN
TÍÐNI	EFNI
GAS	AFSTÆÐI
ÞYNGDARAFL	ALHLIÐA
SEGULMAGN	HRAÐA

24 - Especiarias

```
V Q I P K K V Q B H C M L H R
A C R A S Ú W U R K F Ú K U O
N I O U M M U Y A Y U S I J V
I H Ð M E E Þ L G X R K O E L
L U O M O N Þ N Ð N K A X T A
L B F O M T G A R H K T V Ý K
U Q Þ M M E X R L A U K U R K
Ð D N E N G I F E R P S Ú R R
R S X D W B D F K A N I L A Í
B I X R E D N A Í R Ó K P K S
S O Z A V J I S B I T U R T L
A B M K X H C O F E N N E L A
L C X J P Y K P S L M E U F N
T P A C D A C A E B D K O C Í
S Æ T U R U K U A L T Í V H S
```

SAFFRAN	LAUKUR
LAKKRÍS	KÓRÍANDER
HVÍTLAUKUR	KÚMEN
BITUR	SÆTUR
ANÍS	FENNEL
SÚR	ENGIFER
VANILLU	MÚSKAT
KANIL	PIPAR
KARDEMOMMU	BRAGÐ
KARRÝ	SALT

25 - Países #1

```
E G M I L O T J Q B N T S C R
I G A V G A R A K Í N D P H U
V K R O D A V K E E J Ð Á G G
I Y O J N S E N E G A L N I V
M X K V A M A L Í Q M E N N A
Í Þ K Z L Ð Í E J Þ A A M D Þ
W R Ó D N A L L Ó P N R Ð L Ý
Y U A V N H I X D N A S V A S
E G Í K I M S T K M P Í V N K
K E D A F L A Í L A T Í W D A
B R Ó U V C R H E N N W O A L
Y O B N I M B Ð B M Z A P G A
K N M V E N E S Ú E L A D T N
D N A L A T P Y G E N I V A D
V D K X G A U F B H D K E R X
```

ÞÝSKALAND
BRASILÍA
KAMBÓDÍA
KANADA
EGYPTALAND
EKVADOR
SPÁNN
FINNLAND
ÍRAK
ÍSRAEL

ÍTALÍA
INDLAND
MALÍ
MAROKKÓ
NÍKARAGVA
NOREGUR
PANAMA
PÓLLAND
SENEGAL
VENESÚELA

26 - A Mídia

```
V E R T Z X H A V G Ð O X S F
I I X Ð W D T E F Y R U A Þ Z
Ð N V I T S M U N A L E G U M
H S M Y N D I R U Ð A N Ð I Y
O T S F Ú Á A Ú T G Á F A Q W
R A A J T N U I Á L I T M L O
F K M Á V E G O P I N B E R S
S L S R A T L W C Z Z W N N T
T I K M R I Ý C O V J V Z F A
A N I Ö P N S M E N N T U N F
Ð G P G L U I H D G H O U Q R
B U T N S V N D A G B L Ö Ð Æ
Æ R I U G P G K D P K U T D N
R I D N Y E R Ð A T S E F P Z
S J Ó N V A R P A Z S V S X Y
```

VIÐHORF   IÐNAÐUR
AUGLÝSING   VITSMUNALEGUM
SAMSKIPTI   DAGBLÖÐ
STAFRÆN   STAÐBÆR
ÚTGÁFA   Á NETINU
MENNTUN   ÁLIT
STAÐREYNDIR   OPINBER
FJÁRMÖGNUN   ÚTVARP
MYNDIR   NET
EINSTAKLINGUR   SJÓNVARP

27 - Casa

```
Y  Z  F  N  F  F  I  G  G  N  I  Ð  R  I  G
I  G  R  E  B  R  E  H  A  G  B  Þ  F  L  G
G  Q  D  H  U  Q  J  M  R  Ö  B  R  B  L  E
G  N  U  N  T  E  J  Q  Ð  G  W  C  A  V  K
U  X  N  N  R  E  S  L  U  S  I  Z  U  N  O
L  H  I  I  U  P  Ð  L  R  Ú  N  P  H  B  N
G  O  T  R  T  R  C  C  Y  H  J  V  P  Í  S
R  N  F  A  S  A  K  Ó  B  K  M  Þ  V  L  P
X  C  O  T  Ð  O  S  Ú  H  D  L  E  E  S  E
G  Ó  L  F  M  O  T  T  A  A  W  A  G  K  G
Þ  P  A  K  Ú  S  T  U  R  T  L  Y  G  Ú  I
X  T  Á  I  M  H  U  R  Ð  M  H  A  D  R  L
Z  R  H  G  L  U  G  G  A  T  J  Ö  L  D  L
S  E  U  B  Ð  E  I  P  C  E  I  D  Y  F  F
B  N  A  C  F  Z  R  U  R  Y  Q  X  S  C  U
```

BÓKASAFN	ARINN
GIRÐING	HÚSGÖGN
LYKLA	VEGG
STURTU	HURÐ
GLUGGATJÖLD	HERBERGI
ELDHÚS	HÁALOFTINU
SPEGILL	GÓLFMOTTA
BÍLSKÚR	LOFT
GLUGGI	BRANN
GARÐUR	KÚSTUR

28 - Vegetais

```
M R H D G I J I I C V Z S I J
F V U K U A J L E S N I E T S
A R T I H O K E J B H J L W M
E N G I F E R R Æ Ð J A L Þ G
N Æ P A G O T Ó R L U G E D Ú
B F T N I D L A G G E P R H R
L J S P E R G I L K Á L Í V K
G R A S K E R J R A Q P Z Í U
Y Ð I B U W Z T H T S T Q T S
S K A L O T T L A U K U R L V
T S P Í N A T Z Q K Z X U A E
Ó P S I X U L F Ö T R A K U P
M S E D U A J O A G V H U K P
A W P A D F U L M S E H A U I
T Þ M H Ð Y B J B M Ð M L R R
```

GRASKER
SELLERÍ
ARTIHOKE
HVÍTLAUKUR
KARTÖFLU
EGGALDIN
SPERGILKÁL
LAUKUR
GULRÓT
SKALOTTLAUKUR

SVEPPIR
PEA
SPÍNAT
ENGIFER
NÆPA
GÚRKU
RÆÐJA
SALAT
STEINSELJA
TÓMAT

29 - Balé

```
L  I  Þ  Y  M  W  Þ  S  N  Y  L  Í  T  S  L
D  A  N  S  A  R  A  R  Ó  Þ  A  T  I  S  Ó
Q  J  T  A  K  T  U  R  A  L  H  Æ  G  V  F
Á  H  O  R  F  E  N  D  U  R  Ó  K  N  I  A
B  A  L  L  E  R  Í  N  A  Ð  Þ  N  A  P  K
O  I  L  H  Y  U  R  Þ  V  R  L  I  R  M  L
K  T  I  L  T  D  Y  Þ  Ð  Ð  F  E  L  I  A
T  Ó  S  J  M  T  O  L  Ö  Q  A  Z  E  K  P
Ó  N  T  Ó  J  I  Þ  H  V  M  R  P  G  I  P
N  S  R  M  L  Á  T  B  R  A  G  Ð  T  L  O
L  K  Æ  S  H  Æ  F  N  I  E  Ó  N  D  L  R
I  Á  N  V  R  J  J  L  T  L  E  G  I  H  A
S  L  N  E  F  I  Ð  Þ  Ð  G  R  C  S  F  Z
T  D  G  I  V  L  Q  M  Þ  Y  Ó  Z  C  T  Æ
P  I  Ð  T  T  I  K  I  E  L  K  R  Y  T  S
```

LÓFAKLAPP
LISTRÆNN
BALLERÍNA
TÓNSKÁLD
KÓREÓGRAF
DANSARAR
ÆFING
STÍL
SVIPMIKILL
LÁTBRAGÐ

TIGNARLEGT
HÆFNI
STYRKLEIKI
VÖÐVA
TÓNLIST
HLJÓMSVEIT
ÁHORFENDUR
TAKTUR
SÓLÓ
TÆKNI

30 - Adjetivos #1

```
F R A M A N D I P M F A B Z R
I A Ð L A Ð A N D I U M Ö S W
L F N O O M T G Æ V L I K I M
M F C Z K M N T R J L Þ F O T
A F Ð T Q Y M G U U K U W Ð Þ
N T G E L R A V L A O N T L A
D G L X T K R Z L U M N O H J
I N X O G U Z B U Z I U V Æ J
S U N S E R H S F Þ N R V G Y
T Þ I A A L G E R Þ N H V T T
Ó G R M H E I Ð A R L E G U R
R T N Í G D A W L R Ð V V W O
L I S T R Æ N N U S U W Y Y U
Þ R Ð Ú X R O O D X U I J J B
I A Þ N Ö R L Á T U R M X T L
```

ALGER	HEIÐARLEGUR
ILMANDI	SÖMU
LISTRÆNN	MIKILVÆGT
AÐLAÐANDI	HÆGT
MYRKUR	DULARFULLUR
FRAMANDI	NÚTÍMA
ÞUNNUR	FULLKOMINN
ÖRLÁTUR	ÞUNGT
STÓR	ALVARLEGT

31 - Paisagens

```
P Y K R Ö M I Ð Y E Ð E A F J
T C H U X Ý K F X G W L Ð J Ö
X M R L N R E V I R O D I A K
D K Q A S I Ó L F Ð C F W R U
D B P D K L V L H R S J F A L
S J Ó L A L V A G I T A B R L
A S Þ E G E O J Z K Ö L X D S
V Z O Z I H H F B Þ Ð L Z N Q
Ð Z H F P O A E H H U M Þ U K
Í S B E R G F Þ H Æ V V Z T A
G M T I I E D Ð S Ð A Z I B C
W S V W D T H G Y C T J H Q M
U P Ð Þ O S P D Y Y N F Q G O
Þ W P B Y G H Ð K B Z X Y B W
L Z F K W X G T Ð Ð E Y J A Ð
```

FOSS	FJALL
HELLI	VIN
HÆÐ	HAF
EYÐIMÖRK	MÝRI
JÖKULL	SKAGI
FLÓI	FJARA
ÍSBERG	RIVER
EYJA	TUNDRA
STÖÐUVATN	DALUR
SJÓ	ELDFJALL

32 - Dança

```
L  Z  H  K  H  E  F  Ð  B  U  N  D  I  N  F
L  Í  C  R  U  V  A  H  Á  S  K  Ó  L  I  É
U  Þ  K  K  M  H  R  M  A  G  Q  Ð  Q  H  L
C  T  Y  A  N  G  N  K  N  J  K  P  G  A
O  P  J  E  M  Ð  Ó  T  S  I  L  N  Ó  T  G
G  B  H  R  U  I  E  A  Í  N  L  L  U  P  I
Æ  F  I  N  G  M  R  K  S  N  I  C  I  L  L
H  O  P  P  A  E  Ó  T  S  I  K  B  I  S  R
D  Ð  M  H  J  N  K  U  A  F  I  N  S  E  T
G  B  P  T  O  N  J  R  L  L  M  Á  A  Z  Ð
Þ  L  H  I  J  I  Q  L  K  I  P  Ð  M  B  K
X  U  A  L  N  N  A  B  T  T  I  E  T  I  U
H  R  N  Ð  P  G  D  N  M  D  V  C  Ö  Y  G
M  W  N  K  U  M  C  Ð  O  A  S  U  K  J  A
W  Y  U  C  J  R  A  G  N  I  N  N  E  M  W
```

HÁSKÓLI	ÆFING
GLAÐUR	SVIPMIKILL
LIST	NÁÐ
KLASSÍSKA	SAMTÖK
KÓREÓGRAF	TÓNLIST
LÍKAMI	FÉLAGI
MENNING	TAKTUR
MENNINGAR	HOPPA
TILFINNING	HEFÐBUNDIN

33 - Nutrição

```
O H B U U Ð I B J A A M T E A
Q E U P R F N R U T Æ A R I D
P I R T R Y F A V T K T X R Þ
Ð L P Ð U H E G S Z P A O Þ Þ
X S R I Ð C R Ð R Ó P R D W Y
E A U N G W A Þ W J S L K D N
W V G F I K G L C U N Y U D G
P N E E R M N T G Q U S I L D
U R L R B V I A Q B Ð T T E V
V F Ó U L Ð R Ð I I S N U Z Í
A A R T I Ð Æ R A T A M P K T
C K R I E U N K N U J R E G A
H Þ P E H I Ð Æ G R S Q V Þ M
V Ö K V A I N T E V L O K C Í
T E J X L M E L T I N G P O N
```

BITUR	NÆRINGAREFNI
MATARLYST	ÞYNGD
KOLVETNI	PRÓTEIN
ÆTUR	GÆÐI
MATARÆÐI	BRAGÐ
MELTING	HEILBRIGÐUR
RÓLEGUR	HEILSA
GERJUN	EITUREFNI
VÖKVA	VÍTAMÍN
SÓSA	

34 - Energia

```
L K E N D U R N Ý J A N L E G
R J O H M Q W Q I H Ð T A T R
A T Ó L I N T E V K U P G W A
F Ú E S E T J H L S G Y M R F
M R L J E F A M P Ó M L Q F H
A B D T X I N Z W L Þ B Y J L
G Í S R U D N I V A F Y I Q A
N N N I R W C D Ó R E I Ð A Ð
S A E R L A Ð D G E B Q S D A
Ð D Y U K R O N R A J K P Y J
P Í T Ð C O M I F R E V H M U
L S I A K T B E N S Í N E N F
Z E O N M Ó Z F K X Z L S I K
H L O Ð C M J A F R X R I D Ð
S C F I I Z P R M E N G U N P
```

UMHVERFI
RAFHLAÐA
HITA
KOLEFNI
ELDSNEYTI
DÍSEL
RAFMAGNS
RAFEIND
ÓREIÐA
LJÓSEIND

BENSÍN
VETNI
IÐNAÐUR
MÓTOR
KJARNORKU
MENGUN
ENDURNÝJANLEG
SÓL
TÚRBÍNA
VINDUR

35 - Disciplinas Científicas

```
E  B  Y  L  V  A  R  M  A  F  R  Æ  Ð  I  Ð
Ð  F  R  Y  Í  J  S  L  Í  F  F  R  Æ  Ð  I
U  I  N  G  H  F  I  I  Ð  Æ  R  F  L  Á  S
G  Ð  E  A  L  G  F  Ð  I  U  Y  Z  E  R  I
H  Æ  F  U  F  I  Ð  Æ  R  F  T  S  I  V  Ð
V  R  F  M  S  R  O  R  R  X  V  G  S  A  Æ
E  F  E  B  I  A  Æ  F  Q  A  E  B  B  K  R
Ð  U  O  Y  J  E  I  Ð  Æ  R  F  L  É  V  F
U  N  V  Y  F  H  E  R  I  O  N  R  M  R  A
R  R  J  K  L  I  P  A  W  U  Y  P  Æ  R  D
F  Ö  D  F  Y  V  F  J  W  Þ  O  Ð  T  Ð  N
R  J  F  P  I  Ð  Æ  R  F  A  G  U  A  T  I
Æ  T  X  O  X  G  C  E  Æ  U  R  W  K  Z  E
Ð  S  F  F  D  J  T  Ð  M  Ð  M  Ð  Þ  I  T
I  D  N  I  S  Í  V  L  Á  M  I  P  F  K  S
```

LÍFFÆRAFRÆÐI   VÉLFRÆÐI
STJÖRNUFRÆÐI   VEÐURFRÆÐI
LÍFFRÆÐI   STEINDAFRÆÐI
HREYFIFRÆÐI   TAUGAFRÆÐI
VISTFRÆÐI   SÁLFRÆÐI
JARÐFRÆÐI   EFNAFRÆÐI
MÁLVÍSINDI   VARMAFRÆÐI

36 - Meditação

```
K F G K S K Ý R L E I K I S U
N E R I N A S G U H P Q N A S
Q G N I L G Y H T A D Ð R M A
K S P N Ð V A K A N D I O Þ M
Ö F V G I U R Y H N D Ð H Y Ú
T M A Ö J N R Y U P M V R K Ð
M Ó J Þ Þ E G B G P E V A K D
A A N D L K H A A S B T N I O
S G E L F Þ X W R U U F Ó Y Q
V M V I I A T H U G U N J K Q
U Z H V Ð S K W G K X K S J V
H K Q Ð P K T N Á T T Ú R A N
M J S Ó Þ A K K L Æ T I X Y X
C H T G E L D N A M K P T O A
T I L F I N N I N G A R F A M
```

SAMÞYKKI	ANDLEGT
VAKANDI	HUGA
ATHYGLI	SAMTÖK
GÓÐVILD	TÓNLIST
SKÝRLEIKI	NÁTTÚRAN
SAMÚÐ	ATHUGUN
TILFINNINGAR	FRIÐUR
KENNINGAR	HUGSANIR
ÞAKKLÆTI	SJÓNARHORNI
VENJA	ÞÖGN

37 - Artes Visuais

```
S  G  B  F  G  E  N  W  L  I  L  Z  X  W  A
P  A  L  I  Z  A  W  U  J  J  I  W  N  R  K
U  K  M  Æ  W  Ð  L  U  Ó  X  S  N  Q  U  E
M  V  B  S  S  R  O  Ð  S  B  T  Í  R  K  R
E  I  I  A  E  L  Z  B  M  X  A  V  U  R  A
I  K  R  R  O  T  A  V  Y  O  M  C  T  E  M
S  M  Q  K  Y  E  N  Ð  N  T  A  G  N  V  I
T  Y  T  I  L  R  C  I  D  F  Ð  N  A  L  K
A  N  C  T  L  T  K  P  N  Ð  U  O  Ý  Á  K
R  D  L  E  L  R  I  E  L  G  R  K  L  M  A
A  C  R  K  T  O  N  J  C  B  U  J  B  Ð  L
V  W  X  T  N  P  S  K  R  Á  N  I  N  G  U
E  N  K  Ú  H  Ö  G  G  M  Y  N  D  Ð  Þ  I
R  I  N  R  O  H  R  A  N  Ó  J  S  P  J  D
K  Ð  Z  M  Þ  K  Q  W  B  U  P  E  N  N  I
```

LEIR	KVIKMYND
ARKITEKTÚR	LJÓSMYND
LISTAMAÐUR	KRÍT
PENNI	BLÝANTUR
GLÆSLA	MEISTARAVERK
VAX	SJÓNARHORNI
KERAMIK	MÁLVERK
SAMSETNINGU	PORTRET
SKRÁNINGU	LAKK
HÖGGMYND	

38 - Moda

```
I  H  K  B  R  F  D  H  Q  W  Y  M  Ú  U  R
S  A  S  Q  O  B  A  M  I  E  R  Æ  T  J  S
G  G  E  Á  Ð  U  D  T  V  K  U  L  S  F  S
D  K  K  F  M  J  T  W  N  F  C  I  A  F  M
M  V  V  E  X  F  T  I  Q  A  L  N  U  N  U
F  Æ  N  R  F  A  Ý  R  Q  S  Ð  G  M  C  G
U  M  W  Ð  Þ  R  N  U  H  U  W  A  U  R  W
Þ  Æ  G  I  L  E  G  T  N  L  E  R  R  D  W
Z  O  T  G  E  P  A  S  A  M  Í  T  Ú  N  H
U  O  L  L  H  T  H  G  P  H  Ó  G  V  Æ  R
F  C  H  Í  A  Þ  A  Æ  P  S  T  E  F  N  A
M  D  D  T  V  F  T  L  A  W  J  O  Y  V  Q
B  Þ  A  S  E  F  N  I  D  L  M  P  W  D  P
Y  Ð  T  G  E  L  N  I  G  I  R  O  Z  Ý  B
V  S  W  S  M  Z  I  A  E  E  U  Þ  S  R  R
```

HAGKVÆM   HÓGVÆR
ÚTSAUMUR   ORIGINLEGT
HNAPPA   HAGNÝT
BOUTIQUE   REIMA
DÝR   FATNAÐ
ÞÆGILEGT   EINFALT
STÍL   EFNI
MÆLINGAR   STEFNA
LÆGSTUR   ÁFERÐ
NÚTÍMA

39 - Instrumentos Musicais

```
Z  S  S  Q  V  L  L  K  R  E  V  G  A  L  S
Þ  P  F  B  U  I  Ó  L  L  E  S  Q  R  Þ  F
U  X  Y  K  R  J  X  A  B  M  I  R  A  M  A
S  A  X  Ó  F  Ó  N  R  N  L  V  Ð  T  I  G
H  Þ  I  N  A  J  A  I  Z  Ú  B  Ð  Í  Ð  O
Ó  B  Ó  A  R  N  G  N  Y  R  S  B  G  R  T
D  A  B  Í  M  A  O  E  K  U  I  Á  V  H  T
M  Q  J  P  M  B  N  T  T  Q  Þ  I  B  A  B
J  K  Z  S  F  A  G  T  Z  R  K  B  F  R  U
F  L  A  U  T  U  N  H  E  B  O  X  O  P  M
T  R  O  M  M  A  F  D  U  V  Þ  M  X  A  B
I  U  W  R  N  C  F  Z  Ó  H  E  K  P  R  U
M  U  N  N  H  Ö  R  P  U  L  Ð  I  F  E  R
H  Ð  Þ  V  K  K  K  D  B  W  Í  F  U  E  T
V  M  B  J  E  Þ  Q  S  I  F  D  N  A  V  O
```

MANDÓLÍN	BUMBUR
BANJÓ	SLAGVERK
KLARINETT	PÍANÓ
FAGOTT	SAXÓFÓN
FLAUTU	TROMMA
MUNNHÖRPU	BÁSÚNA
GONG	TROMPET
HARPA	GÍTAR
MARIMBA	FIÐLU
ÓBÓ	SELLÓ

40 - Adjetivos #2

```
S  S  Q  S  Þ  D  T  H  J  E  C  M  U  S  G
Á  A  U  R  F  X  R  R  J  Ð  D  P  Ð  T  L
B  T  L  Z  X  G  E  M  B  L  Q  V  D  E  Æ
Y  K  P  T  B  W  V  X  Ð  I  B  B  H  R  S
R  E  C  F  U  Ð  A  L  W  L  O  U  Q  K  I
G  O  N  F  Þ  R  G  L  Q  E  K  S  Z  U  L
U  P  Þ  Y  K  K  U  R  U  G  Æ  R  F  R  E
R  X  O  Q  G  Þ  H  O  H  T  Z  L  R  D  G
H  B  E  A  Q  H  Á  T  Y  H  N  T  E  T  U
T  R  U  T  L  O  T  S  F  G  E  Y  Ð  A  R
T  G  E  L  U  R  Ú  T  T  Á  N  I  W  O  U
S  X  G  I  D  N  A  S  Ý  L  Q  Z  T  L  E
W  D  R  W  N  Ð  Þ  U  R  R  L  D  I  T  O
E  X  R  P  G  T  T  Ý  N  A  O  M  F  Y  Ð
A  F  K  A  S  T  A  M  I  K  I  L  L  Z  K
```

EKTA	NÝTT
LÝSANDI	STOLTUR
GLÆSILEGUR	AFKASTAMIKILL
FRÆGUR	HREINT
STERKUR	HEITT
ÞYKKUR	ÁBYRGUR
ÁHUGAVERT	SALTUR
NÁTTÚRULEGT	ÞURR
EÐLILEGT	

41 - Roupas

```
T  C  R  Þ  D  T  Þ  Z  L  L  Ó  J  K  V  P
Z  Í  I  R  X  A  R  M  B  A  N  D  Á  G  I
R  H  S  A  R  S  U  U  D  F  J  Ð  P  A  T
I  T  L  K  U  Y  T  Y  X  F  U  E  U  L  M
H  G  I  K  A  E  T  Z  T  U  V  B  T  L  Q
U  A  P  O  U  P  A  V  X  I  B  W  N  A  I
N  E  M  S  L  Á  H  S  J  V  H  Ð  U  B  N
S  M  J  T  Y  C  O  K  A  Y  X  C  V  U  Á
K  C  L  K  S  U  F  Ó  K  K  A  A  S  X  T
D  R  U  V  K  A  S  R  K  S  S  K  I  U  T
T  H  N  K  Y  K  U  N  I  M  S  N  K  R  F
Z  K  T  Z  R  R  M  D  T  W  Ú  V  A  S  Ö
D  R  C  T  T  M  F  U  L  Q  L  B  J  H  T
N  C  Þ  R  A  S  K  Ó  E  G  B  P  H  D  P
B  S  P  N  V  F  G  R  B  S  V  Ð  Y  M  D
```

SVUNTU	HANSKA
BLÚSSA	SOKKAR
BUXUR	TÍSKA
SKYRTA	NÁTTFÖT
KÁPU	ARMBAND
HATTUR	PILS
BELTI	SKÓ
HÁLSMEN	SKÓR
JAKKI	PEYSA
GALLABUXUR	KJÓLL

42 - Herbalismo

```
P  Þ  L  W  U  Y  Q  G  M  E  E  U  O  J  D
N  L  C  T  B  B  R  A  G  Ð  S  R  F  M  Ð
K  W  A  I  Z  Q  H  I  P  A  T  V  T  A  C
N  Z  M  N  A  J  M  I  T  J  R  N  X  R  L
K  Y  A  F  T  M  Ó  L  B  R  A  N  F  O  L
I  Ó  A  E  E  A  B  L  Ó  M  G  B  X  J  V
N  Í  R  A  M  S  Ó  R  A  Z  O  A  O  R  Q
I  L  F  Í  Þ  E  J  R  I  B  N  S  L  A  V
L  T  E  N  A  R  F  F  A  S  G  I  T  M  J
M  M  N  N  T  Æ  R  G  B  U  L  Ð  R  G
A  Q  N  Þ  M  J  D  S  M  T  O  U  K  Q  A
N  R  E  R  Q  M  G  E  L  N  G  A  G  G  R
D  L  L  D  G  W  Q  A  R  D  F  O  A  Æ  Ð
I  I  R  S  T  E  I  N  S  E  L  J  A  Ð  U
H  V  Í  T  L  A  U  K  U  R  X  Q  T  I  R
```

SAFFRAN	GARÐUR
RÓSMARÍN	LOFNARBLÓM
HVÍTLAUKUR	BASIL
ILMANDI	MARJORAM
GAGNLEG	PLANTA
KÓRÍANDER	GÆÐI
ESTRAGON	BRAGÐ
BLÓM	STEINSELJA
FENNEL	TIMJAN
EFNI	GRÆNT

43 - Arqueologia

```
H  D  B  T  E  L  L  J  R  C  C  H  R  G  N
W  L  R  R  Þ  I  N  N  I  M  N  V  Q  L  S
L  K  U  A  O  Ð  B  E  I  N  W  X  Ð  E  I
P  V  G  T  B  T  K  K  E  Þ  Ó  A  Ð  Y  Ð
R  H  N  Á  I  D  N  A  M  O  K  F  A  M  M
Ó  Q  I  G  M  B  D  F  Z  A  E  Ð  F  T  E
F  M  Ð  Ð  A  A  Y  C  O  D  H  Z  C  A  N
E  H  Æ  Á  T  Z  Ð  O  O  R  G  S  V  D  N
S  U  R  R  T  E  M  P  L  E  N  J  Z  K  I
S  H  F  H  V  J  U  O  T  K  I  Ö  H  D  N
O  O  R  O  P  R  M  B  P  A  N  F  L  P  G
R  G  É  X  H  Þ  Í  M  Á  E  I  V  U  D  K
Ð  D  S  L  F  K  T  A  R  L  E  G  R  Ö  F
W  R  I  N  K  Ó  S  N  N  A  R  C  G  F  U
T  C  D  X  Y  N  Y  Þ  V  O  G  P  B  W  F
```

GREINING	GLEYMT
ÁR	BROT
FORNÖLD	RANNSÓKNIR
MAT	RÁÐGÁTA
SIÐMENNING	HLUTI
AFKOMANDI	BEIN
ÓÞEKKT	PRÓFESSOR
LIÐ	MINNI
TÍMUM	TEMPLE
SÉRFRÆÐINGUR	GRÖF

44 - Esporte

```
H  Í  F  I  J  Í  G  M  L  G  S  U  O  Þ  H
J  Þ  O  R  W  Þ  Z  L  V  D  K  I  I  A  W
A  R  R  A  K  R  A  M  Á  H  O  B  A  I  G
R  Ó  R  F  I  Ó  V  A  Þ  J  K  I  N  Q  A
T  T  I  L  U  M  D  W  R  K  J  Y  H  M
A  T  T  Á  D  T  Þ  A  S  T  Y  R  K  U  R
Z  A  C  J  N  I  E  B  R  O  Þ  O  C  T  N
H  M  R  Þ  B  R  W  G  O  K  K  F  X  Þ  Æ
E  A  Þ  R  E  K  V  F  L  M  M  J  O  H  R
I  Ð  B  Y  S  F  G  Ö  G  Q  T  I  D  U  I
L  U  D  A  N  S  A  W  Ð  L  V  E  Ð  N  N
S  R  Þ  A  T  H  L  K  Ð  V  T  K  N  O  G
A  L  Ó  J  H  K  M  G  I  M  A  K  Í  L  R
E  F  N  A  S  K  I  P  T  I  I  K  U  E  J
A  E  R  Ð  A  Ð  M  A  T  A  R  Æ  Ð  I  C
```

ÍÞRÓTTAMAÐUR	HÁMARKA
GETU	EFNASKIPTI
HJARTA	VÖÐVA
HJÓLA	NÆRING
LÍKAMI	MARKMIÐ
DANSA	BEIN
MATARÆÐI	FORRIT
ÍÞRÓTTIR	ÞREK
STYRKUR	HEILSA
SKOKK	ÞJÁLFARI

45 - Agronomia

```
S  V  E  I  T  A  Y  Þ  S  U  M  L  A  L  O
I  U  I  I  B  H  F  Q  F  V  E  Í  L  A  Ð
X  P  C  Q  O  F  L  Z  W  A  N  F  S  N  X
A  F  D  H  J  I  G  Þ  O  V  G  R  Ð  D  C
L  N  F  P  Q  F  B  S  A  Í  U  Æ  I  B  V
H  T  S  I  F  R  E  K  K  S  N  N  E  Ú  Ö
J  A  R  Ð  V  E  G  U  R  I  D  T  L  N  X
S  V  U  Æ  G  V  P  U  O  N  K  Ð  M  A  T
J  Q  Ð  R  Z  H  S  L  Z  D  R  C  A  Ð  U
Á  Æ  R  F  S  M  W  J  Ö  I  L  O  R  U  R
L  F  U  T  S  U  T  E  H  N  Y  M  F  R  T
F  R  B  S  T  X  N  B  T  V  T  W  K  E  J
B  I  Á  I  T  E  M  N  Æ  R  G  U  L  M  F
Æ  Þ  V  V  S  J  Ú  K  D  Ó  M  A  R  B  S
R  Q  J  P  J  C  U  V  Z  T  Þ  D  R  X  R
```

LANDBÚNAÐUR	GRÆNMETI
UMHVERFI	LÍFRÆNT
VATN	PLÖNTUR
VÍSINDI	MENGUN
VÖXTUR	FRAMLEIÐSLA
SJÚKDÓMA	SVEIT
VISTFRÆÐI	FRÆ
ORKA	KERFI
ROF	JARÐVEGUR
ÁBURÐUR	SJÁLFBÆR

46 - Frutas

```
H  N  Ó  D  A  K  Ó  V  A  Y  A  P  A  P  A
W  I  G  Þ  Ð  Q  J  Þ  O  T  Q  C  Y  U  P
R  K  N  H  D  O  A  N  A  N  A  S  D  J  P
X  Ó  A  D  L  Þ  O  F  E  R  S  K  J  A  E
C  K  M  C  B  K  I  R  S  U  B  E  R  Z  L
A  O  Y  Q  R  E  B  N  Í  V  B  J  H  O  S
B  S  E  Þ  N  N  R  A  B  H  R  M  H  F  Í
Þ  H  O  T  X  I  E  J  E  P  L  I  Y  X  N
P  N  L  E  W  R  B  O  U  V  Q  N  T  N  A
E  E  H  K  X  A  M  H  N  M  Q  A  Q  N  D
R  T  C  H  P  T  Ó  S  Ó  O  X  N  Þ  F  Ð
A  A  S  F  O  C  R  B  R  R  I  A  I  R  F
B  E  R  N  D  E  B  I  T  G  O  B  H  H  C
Y  Q  Y  E  Q  N  X  S  Í  V  Í  K  Q  G  Ð
I  E  H  V  K  X  R  A  S  Ó  K  Í  R  P  A
```

AVÓKADÓ	KÍVÍ
ANANAS	APPELSÍNA
BRÓMBER	SÍTRÓNU
BER	EPLI
BANANI	PAPAYA
KIRSUBER	MANGÓ
KÓKOSHNETA	NECTARINE
APRÍKÓSA	PERA
MYND	FERSKJA
HINDBERJUM	VÍNBER

47 - Corpo Humano

```
B  M  Ö  S  X  F  C  S  E  Ð  Ú  H  I  X  N
G  U  L  X  S  T  G  G  F  Z  M  J  H  S  E
M  A  E  O  L  H  O  V  W  R  S  A  Ö  M  F
E  E  Þ  P  Á  Ö  L  T  Y  U  U  R  K  O  M
M  D  F  S  H  N  D  Z  É  N  H  T  U  I  Þ
V  D  Ð  Ð  O  D  I  C  Q  N  P  A  Ó  S  V
P  I  F  Q  V  A  Z  P  R  U  G  N  I  F  L
O  Q  B  E  O  K  Z  V  W  M  B  A  U  W  X
Q  C  L  N  M  L  H  E  I  L  I  Þ  I  V  S
T  K  Ó  N  G  Á  N  Ð  X  O  X  Þ  G  K  E
P  L  Ð  I  U  J  L  B  Þ  D  Ð  O  V  D  A
S  S  D  A  L  K  K  Ö  O  W  R  O  Y  F  W
Z  U  D  O  X  N  Ð  Z  A  G  U  A  K  N  A
H  U  Z  Q  D  T  H  N  Q  S  A  R  Y  E  J
Z  V  Q  U  I  O  H  Ö  F  U  Ð  Q  P  I  K
```

MUNNUR	AUGA
HÖFUÐ	ÖXL
HEILI	EYRA
HJARTA	HÚÐ
OLNBOGA	FÓTUR
FINGUR	HÁLS
HNÉ	HÖKU
KJÁLKA	BLÓÐ
HÖND	ENNI
NEF	ÖKKLA

48 - Caminhada

```
K O R T E Ð V V I L L T Y W N
E G P P D C O N A R Ú T T Á N
U N D I R B Ú N I N G U R C E
K I R U G U L F Ó T Í K S O M
C A U A Þ D Ó J Ð W C J Ð M U
Ð Ð Ð Ð F R S I Q R E T E I G
L Æ R R F R E T Z Z M O E Y Ö
F J A L L R U Y L É V G Í T S
V T G N U Þ L Ð T Ð B T W B Ð
A Ú D O R A N I E T S V I J I
T F G K V E Ð U R V U V U A E
N A F A F Y E Ð G Þ M R I R L
S T E F N U M Ö R K U N D G H
P D J Q N L U N C V L X Ý W F
G N A H Z W U G F E I N R Þ Ð
```

ÚTJÆÐA
DÝR
VATN
STÍGVÉL
ÞREYTTUR
VEÐURFAR
LEIÐSÖGUMENN
KORT
FJALL
MOSKÍTÓFLUGUR

NÁTTÚRAN
STEFNUMÖRKUN
GARÐUR
STEINAR
BJARG
ÞUNGT
UNDIRBÚNINGUR
VILLT
SÓL
VEÐUR

49 - Biologia

```
B E G U A T N P A Q T B Þ L L
A R N O Þ F R U M A L H Y J Í
K E I S M A N Þ K Í G I X Ó F
T Þ T M I L Ý B M A S G M S F
E J Y Ó Ð S S P D Y J N N T Æ
R P E S Æ M P O U P Y I E I R
Í P R U R R B E A D Z N G L A
U S B Ó F Ð N N N O K T A L F
R K K T T Z D P Y D S I L Í R
L R K J Q Í L H E I Ý L L F Æ
H I Ö S E K N U Ó R Þ R O U Ð
X Ð T H O R M Ó N M P B K N I
Q D S N Á T T Ú R U L E G T B
P Ý S Y N A P S E J H H P Y O
P R T A U G A F R U M A Y G K
```

LÍFFÆRAFRÆÐI   SPENDÝR
BAKTERÍUR   STÖKKBREYTING
FRUMA   NÁTTÚRULEGT
KOLLAGEN   TAUG
LITNING   TAUGAFRUMA
FRÆÐI   OSMÓSU
ENSÍM   PRÓTÍN
ÞRÓUN   SKRIÐDÝR
LJÓSTILLÍFUN   SAMBÝLI
HORMÓN   SYNAPSE

50 - Beleza

```
T  R  S  S  N  Y  R  T  I  V  Ö  R  U  R  K
T  J  T  B  Y  I  L  M  U  R  Ð  U  Y  U  M
T  F  G  B  B  H  E  I  L  L  A  Í  Y  H  A
L  Þ  X  A  H  R  U  M  Ð  C  G  L  F  O  S
R  U  T  I  L  A  R  A  V  U  Y  O  S  R  K
Q  Q  K  K  S  J  A  M  P  Ó  J  W  K  U  A
T  Z  F  I  N  C  H  I  U  L  Q  Z  Æ  G  R
C  H  K  E  N  O  P  E  Ð  Á  N  B  R  E  A
S  T  Í  L  I  S  T  I  Ú  R  U  T  I  L  V
I  V  Y  I  C  W  C  I  H  Y  A  B  V  I  Ö
Y  Þ  F  S  S  P  E  G  I  L  L  F  U  S  R
G  F  T  Æ  G  R  P  D  V  S  R  S  Ð  Æ  U
Z  N  L  L  N  I  D  N  Y  M  S  Ó  J  L  R
F  X  C  G  Y  N  R  T  M  E  V  B  K  G  Ð
Þ  J  Ó  N  U  S  T  A  L  L  U  R  K  U  Y
```

VARALITUR	ILMUR
KRULLA	NÁÐ
HEILLA	FARÐI
LITUR	OLÍUR
SNYRTIVÖRUR	HÚÐ
GLÆSILEGUR	VÖRUR
GLÆSILEIKI	MASKARA
SPEGILL	ÞJÓNUSTA
STÍLISTI	SKÆRI
LJÓSMYNDIN	SJAMPÓ

51 - Filantropia

```
Ö P A J Þ U P V Z Þ R A G S H
A R W T Ö R Y H Z Z Ð J E P E
L I L N R T S A Q I C D F P I
Þ N M Æ F F J Á R M Á L A M Ð
J A A X T F J B Y W X N Ð L A
Ó R N Z I I Ó X Ö H Ó P A F R
Ð O N R R N U L E R X D G É L
L K K N R F M X K A N K A M E
E S Y A O E M B G R B E S B I
G Á N W F K O P I N B E R K K
T Ð I M K R A M A H W F P U I
K B Ð Ð Þ E T E N G I L I Ð I
D A M U L V S A M F É L A G C
F C Þ P V K Y V L Æ S K U X O
H Þ H Q B I Þ O J M N Þ G J R
```

SAMFÉLAG	SAGA
TENGILIÐI	HEIÐARLEIKI
BÖRN	MANNKYNIÐ
ÁSKORANIR	ÆSKU
GEFA	VERKEFNI
FJÁRMÁL	ÞÖRF
FÉ	MARKMIÐ
ÖRLÆTI	FÓLK
ALÞJÓÐLEGT	FORRIT
HÓPA	OPINBER

52 - Ecologia

```
B  C  F  N  A  R  Ú  T  T  Á  N  F  P  R  D
Ú  J  J  N  U  F  I  L  H  K  H  J  S  B  U
S  F  Ö  G  Ð  B  N  O  L  J  L  Y  T  U  C
V  L  L  K  L  G  G  G  O  Þ  P  C  G  B  J
Æ  O  L  H  I  N  T  Y  E  R  B  L  Ö  J  F
Ð  R  G  T  N  H  S  R  A  M  C  Q  L  T  Í
I  A  R  G  D  V  S  J  T  J  D  W  É  E  L
M  Y  Ó  E  I  B  E  J  Á  D  V  K  F  G  A
N  M  Ð  L  R  L  V  Ð  Á  L  Z  D  M  U  R
O  F  U  Ð  P  I  O  Z  U  V  F  C  A  N  Ý
F  C  R  Ó  A  F  G  U  V  R  A  B  S  D  D
M  K  C  J  Ð  Y  Ð  O  Y  T  F  R  Æ  Y  C
H  R  H  Þ  Þ  U  R  R  K  A  R  A  H  R  N
Ð  P  P  L  Ö  N  T  U  R  P  H  W  R  Y  Þ
X  R  J  A  N  Á  T  T  Ú  R  U  L  E  G  T
```

VEÐURFAR	NÁTTÚRULEGT
SAMFÉLÖG	NÁTTÚRAN
FJÖLBREYTNI	MARSH
TEGUND	PLÖNTUR
DÝRALÍF	AUÐLINDIR
FLORA	ÞURRKAR
ALÞJÓÐLEGT	LIFUN
BÚSVÆÐI	SJÁLFBÆR
SJÁVAR	GRÓÐUR
FJÖLL	

53 - Família

```
Ð  A  Z  D  X  T  B  A  R  N  Æ  S  K  A  T
V  P  L  X  V  V  G  Þ  Q  A  S  Y  K  B  R
O  J  Q  U  D  Í  O  F  E  R  M  M  N  T  D
D  Y  V  I  A  B  J  O  M  Z  A  M  R  Ð  E
A  F  I  A  P  U  C  R  I  Ð  Ó  M  A  J  I
D  S  V  H  Ð  R  E  F  S  R  E  E  B  F  G
Y  R  E  F  L  A  I  A  F  S  K  I  A  A  I
I  N  G  A  R  R  D  Ð  U  S  R  G  N  Ð  N
H  R  R  H  G  P  N  I  Ó  Y  Ð  I  R  I  M
T  A  N  Ö  D  X  Æ  R  F  R  L  N  A  R  A
G  B  I  H  B  V  R  I  R  U  B  K  B  E  Ð
D  Ó  T  T  I  R  F  T  Æ  Ð  A  O  F  K  U
C  Z  E  J  H  W  Z  S  N  Ó  G  N  C  A  R
X  N  F  T  B  O  V  Y  K  M  W  A  E  O  Z
K  A  F  L  R  L  Ð  S  A  Ð  S  E  T  D  L
```

FORFAÐIR	BRÓÐIR
AMMA	EIGINMAÐUR
AFI	MÓÐUR
BARN	MÓÐIR
BÖRN	BARNABARN
EIGINKONA	FAÐIR
DÓTTIR	INGAR
TVÍBURAR	FRÆNDI
BARNÆSKA	FRÆNKA
SYSTIR	

54 - Edifícios

```
S R Q B Ð Á R I D N E S U K U
L J G Q A M W M R N F A S A P
B E Ú V E R K S M I Ð J U S B
O Í I K H L Ö Ð U L Ú G L T I
T F L K R Æ B U Ð L B I C A N
B Þ Ó S H A Y D V Ö Í I T L D
S M K F K Ú H S Ð V U L D I M
U K S Q W Ú S Ú P C B Ó V I Y
S R M Ð L O R C S Q S K C X E
O B S E R V A T O R Y S X M Þ
M A T V Ö R U B Ú Ð Q Á U A K
E F K V I K M Y N D A H Ú S A
C E U X V S M R R N A V Þ G X
D L A J T L K I U H Ó T E L T
C K X U M N Y G T A Ð L J B J
```

ÍBÚÐ	BÍLSKÚR
KLEFA	SJÚKRAHÚS
KASTALI	HÓTEL
HLÖÐU	SAFN
KVIKMYNDAHÚS	OBSERVATORY
SENDIRÁÐ	MATVÖRUBÚÐ
SKÓLI	LEIKHÚS
VÖLLINN	TJALD
BÆR	TURN
VERKSMIÐJU	HÁSKÓLI

55 - Xadrez

```
M U Ð H A Ð L Æ R A A M Á X Y
D E U J S K Á U U H Ð Ó S U S
L R I C Ð Q M V G S G T K O G
S V O S L R P T N T E M O R Ð
W V W T T Ó M Í U E R Æ R S H
V L A W T A E M N F Ð L A B D
Ð H V R R N R I O N A A N N U
V Z Þ U T R I I K U L N I Y F
E T Ð Ð H Ó D N Þ W A D R X Ð
Q G G A V F E P G G U I U F Þ
J M R M Í L T P K O S U W V P
M M S K T R Z E R E G L U R S
U U Þ I U J W K L E I K U R A
G R I E R C Q Þ I D T S L C B
U U I L D J M U L Þ S J S Q H
```

AÐ LÆRA   AÐGERÐALAUS
HVÍTUR   STIG
MEISTARI   SVART
KEPPNI   DROTTNING
ÁSKORANIR   REGLUR
SKÁ   KONUNGUR
STEFNU   FÓRN
LEIKMAÐUR   TÍMI
LEIKUR   MÓT
MÓTMÆLANDI

56 - Aventura

```
V Á V E H V V R F W S X F N S
A Ó P P Æ S I I T P R Þ E Ý I
I V N V T A D N R J U B R T G
Q A J L T B N A I K G A Ð T L
Q R Þ Þ U O A R R R N O A R I
G T J N L B V O Æ U I I Á N N
M L Z Þ E T M K F K N G Æ Á G
L V E T G N N S I Í Ú G T T A
S Q A Ð T V Z Á K L B Y L T R
L E B X I R M O Æ S R R U Ú Y
F E G U R Ð E V T Þ I Ö N R R
S C U Ð I Q M Ð Ó M D L E A I
Ó V E N J U L E G T N H X N Q
Þ Þ P Ð R E F R A N U Ð O K S
I M Ð Á F A N G A S T A Ð U R
```

GLEÐI
VINIR
VIRKNI
FEGURÐ
LÍKUR
ÁSKORANIR
ÁFANGASTAÐUR
VANDI
ELDMÓÐ
SKOÐUNARFERÐ

ÓVENJULEGT
FERÐAÁÆTLUN
NÁTTÚRAN
SIGLINGAR
NÝTT
TÆKIFÆRI
HÆTTULEGT
UNDIRBÚNINGUR
ÖRYGGI
Á ÓVART

57 - Floresta Tropical

```
F F X A T H V A R F W D V X E
S A M F É L A G V X Ð H X N N
O N F V D Ý R M Æ T U R S X D
D Á J E S B P T O Z I W M C U
K T Ö Ð R Ý D R O K S L Z Q R
R T L U Ð Q N U F I L I U L R
Ý Ú B R F R U M B Y G G J A E
D R R F Y Ý G Ð P Q N B K C I
N A E A M D E W R W I X P I S
E N Y R L K T Þ U G Ð R G N N
P Z T U L S I E V Ð R A V A G
S T N X P O O M V R I L K T Þ
S K I X E R K W O R V G N O Q
Y Þ Ý Y V F Y X C S C U R B R
F R U M S K Ó G U R S F F E H
```

FROSKDÝR	NÁTTÚRAN
BOTANICAL	SKÝ
VEÐURFAR	FUGLAR
SAMFÉLAG	VARÐVEISLU
FJÖLBREYTNI	ATHVARF
TEGUND	VIRÐING
FRUMBYGGJA	ENDURREISN
SKORDÝR	FRUMSKÓGUR
SPENDÝR	LIFUN
MOSS	DÝRMÆTUR

58 - Cidade

```
B  I  B  K  V  I  K  M  Y  N  D  A  H  Ú  S
X  L  I  A  Þ  Þ  R  H  V  Ö  L  L  I  N  N
V  Ó  Ó  O  N  Þ  D  Ó  H  Á  S  K  Ó  L  I
Z  K  I  M  V  K  S  T  Q  R  G  Ð  T  R  W
M  S  L  V  A  Q  I  E  Q  K  M  K  U  H
P  Z  T  E  W  B  V  L  Q  Í  C  Z  K  Ð  R
S  A  F  N  I  Ð  Ú  B  U  R  Ö  V  T  A  M
R  Ð  H  I  D  K  S  Ð  X  E  V  C  B  K  A
B  A  K  A  R  Í  H  K  O  L  Q  J  I  R  P
B  Ó  K  A  B  Ú  Ð  Ú  L  L  U  W  N  A  Ó
Y  U  Þ  C  H  N  F  A  S  A  K  Ó  B  M  T
V  S  O  R  U  L  L  Ö  V  G  U  L  F  K  E
Z  Y  I  S  N  Y  R  T  I  S  T  O  F  A  K
K  H  V  E  R  S  L  U  N  N  R  F  W  Z  S
D  Ý  R  A  G  A  R  Ð  U  R  D  Ð  R  S  M
```

FLUGVÖLLUR
BANKI
BÓKASAFN
KVIKMYNDAHÚS
SKÓLI
VÖLLINN
APÓTEK
BLÓMABÚÐ
GALLERÍ
HÓTEL

DÝRAGARÐUR
BÓKABÚÐ
VERSLUN
MARKAÐUR
SAFN
BAKARÍ
SNYRTISTOFA
MATVÖRUBÚÐ
LEIKHÚS
HÁSKÓLI

59 - Música

```
E Q V H S G M B B I Ð Q A U A
Z M E Z M Ö A Z A A Z H U V V
H Þ H R J K N J R V L H A H D
Ð B O Z W Æ G A L V L I W K
R S T D K S R T V T A R A W Ð
V H T A N F Ð R G A E U T Ð Z
I B Á R K U Ó U N K R K A H A
Q F S Z C T J M Ö S Ó I K L K
S P I N N A L Ó S Í K E T J A
Þ U S S Y N G J A S V L U Ó T
I R Æ F Ð Ó J L H S V G R Ð P
O Y Z I Ð F Q H U A R N F N P
V O R M K Ð C M Y L N Ö U E U
Ó P E R A Z G A Ð K Z S A M T
D L Y H C Þ T S P L Ö T U I A
```

PLÖTU	HLJÓÐFÆRI
BALLAÐA	LAG
SYNGJA	HLJÓÐNEMI
SÖNGVARI	SÖNGLEIKUR
KLASSÍSKA	ÓPERA
KÓR	LJÓÐRÆN
UPPTAKA	TAKTUR
SÁTT	TAKT
SAMHLJÓMUR	SÖNGVARA
SPINNA	

60 - Matemática

```
R O T R Þ H Þ S U Í D A R S E
Ú R T O R B K V A N F A J R A
M S S T Í V N M E M K L M B W
F U A Y H C T N V R H A S Þ E
R M M M Y N U T E U M L I Þ Y
Æ M H K R X M K L G Þ Á I Þ Q
Ð A V Z N J M N D N C A L Ð K
I J E K I V Á I I I W A R Y A
E X R Y N V L O S N B I N D I
Q Þ F V G R Þ Z V R A Ð A J Q
Ð D U D U I O L Í E T Ö L U R
V O U C R Z M H S F P A C N Ð
A U K A S T A F I U E A T C W
N J R U G N I N R Y H T T É R
H J Á L Í Ð A L O G R A M Ð J
```

TÖLUR   HJÁLÍÐALOGRAM
HORN   JAÐAR
UMMÁL   FERNINGUR
AUKASTAF   RADÍUS
ÞVERMÁL   RÉTTHYRNINGUR
JAFNA   SAMHVERFU
VELDISVÍSIR   SUMMA
BROT   ÞRÍHYRNINGUR
RÚMFRÆÐI   BINDI
SAMHLIÐA

61 - Saúde e Bem Estar #1

```
M  B  V  E  I  R  A  T  J  R  V  M  Y  M  Z
E  K  E  T  Ó  P  A  J  N  F  W  Ö  W  W  A
Ð  Ú  H  I  S  L  Þ  I  S  U  B  R  Ð  Æ  H
F  S  V  F  N  S  H  E  W  A  Þ  S  P  V  Y
E  L  I  Ð  I  B  X  H  T  E  Y  G  J  A  A
R  Ö  Ð  Q  E  M  R  A  G  U  A  T  Y  E  E
Ð  K  B  U  B  R  R  O  K  R  U  G  N  U  H
Y  U  R  H  E  U  E  Q  T  I  K  L  K  V  W
B  N  A  Y  O  Í  M  F  K  N  G  U  W  E  Ð
H  F  G  S  F  R  W  R  U  K  R  I  V  N  M
P  K  Ð  C  Y  E  M  K  K  Æ  P  K  Z  J  F
Z  R  K  R  H  T  O  Ó  O  L  Y  F  U  A  G
W  Z  C  N  A  K  E  B  N  F  R  Q  Z  U  D
I  N  F  E  R  A  T  Ó  B  U  Ð  Æ  F  U  Z
U  O  Ð  Q  Z  B  O  I  D  M  Z  K  S  L  X
```

TEYGJA	LYF
HÆÐ	VÖÐVA
VIRKUR	TAUGAR
BAKTERÍUR	BEIN
LÆKNIR	HÚÐ
APÓTEK	VIÐBRAGÐ
HUNGUR	SLÖKUN
BEINBROT	FÆÐUBÓTAREFNI
VENJA	MEÐFERÐ
HORMÓN	VEIRA

62 - Natureza

```
A  N  A  R  S  Y  Þ  S  D  I  A  G  Ð  J  R
S  C  V  W  Ð  Þ  Ð  R  G  Þ  W  W  E  T  Z
I  C  Q  F  Ð  Ð  O  N  H  A  J  C  H  Y  Y
S  K  Ó  G  U  R  S  S  M  J  E  P  N  Ð  E
E  D  U  U  H  E  L  G  I  D  Ó  M  U  R  Y
T  V  I  Þ  E  G  N  F  M  A  D  V  D  U  Ð
T  A  B  U  Y  T  G  E  L  F  Í  L  Z  G  I
R  R  O  Ý  K  S  F  P  R  Y  F  V  X  E  M
O  K  C  L  F  O  R  Z  Ð  E  Þ  Y  F  F  Ö
P  T  I  U  L  L  U  K  Ö  J  S  U  J  A  R
I  Í  S  J  J  Ó  U  R  X  V  I  L  L  T  K
C  S  D  X  U  J  Þ  G  R  I  V  E  R  X  I
A  K  G  Ý  W  K  O  Y  U  N  C  F  M  C  V
L  U  L  F  R  S  K  X  Z  R  Y  E  N  G  K
B  R  I  C  I  Þ  A  F  R  I  Ð  S  Æ  L  T
```

BÝFLUGUR	JÖKULL
SKJÓL	ÞOKA
DÝR	SKÝ
ARKTÍSKUR	FRIÐSÆLT
FEGURÐ	RIVER
EYÐIMÖRK	HELGIDÓMUR
KVIK	VILLT
ROF	SERENE
SKÓGUR	TROPICAL
SM	LÍFLEGT

63 - A Empresa

```
V  I  Ð  N  A  Ð  U  R  X  O  V  V  A  Q  O
Ö  C  V  R  U  G  E  L  G  A  F  I  L  A  G
R  J  F  Q  O  Ó  R  Q  P  V  H  Ð  Þ  W  Æ
U  Ð  U  J  W  Y  R  A  X  O  D  S  J  T  Ð
N  Y  E  S  F  C  I  Þ  I  Z  B  K  Ó  E  I
N  A  S  H  W  N  D  S  O  Q  Þ  I  Ð  K  X
N  F  P  M  N  N  N  A  K  G  U  P  L  J  H
U  V  R  A  N  N  I  V  T  A  Q  T  E  U  J
Ð  P  I  A  V  H  L  C  Þ  C  P  I  G  R  N
R  Ð  Q  V  M  W  Ð  Q  C  K  S  A  T  X  P
Ö  I  N  F  Y  F  U  N  Ý  J  A  R  N  V  R
V  I  Z  H  I  W  A  T  T  Æ  H  Á  V  D  S
K  Y  N  N  I  N  G  R  O  P  S  Ð  R  O  I
Á  I  R  G  D  J  A  K  I  E  L  U  G  Ö  M
D  Z  G  N  I  T  S  E  F  R  Á  J  F  I  H
```

KYNNING

SKAPANDI

ÁKVÖRÐUN

ATVINNA

ALÞJÓÐLEGT

IÐNAÐUR

NÝJAR

FJÁRFESTING

VIÐSKIPTI

MÖGULEIKA

VÖRU

FAGLEGUR

FRAMFARIR

GÆÐI

TEKJUR

AUÐLINDIR

ORÐSPOR

ÁHÆTTA

ÞRÓUN

64 - Doença

```
I  N  N  E  K  L  I  E  H  E  N  N  N  E  R
D  A  L  L  I  V  K  A  G  U  A  T  Z  Ð  L
Y  S  O  Z  E  R  T  U  Y  E  C  A  H  L  U
R  N  H  J  V  E  Æ  S  O  X  W  S  C  U  M
Ð  L  Í  K  A  M  I  F  S  Ý  K  L  A  N  B
A  R  F  G  E  N  G  U  R  K  V  I  Ð  G  A
H  J  A  R  T  A  I  W  N  A  W  E  Á  U  R
M  E  Ð  F  E  R  Ð  A  I  Z  N  H  R  M  U
X  N  S  M  I  T  A  N  D  I  I  U  B  Y  W
L  A  N  G  V  A  R  A  N  D  I  Ó  D  K  G
A  G  I  O  F  N  Æ  M  I  V  Z  N  O  N  R
K  L  E  H  U  H  F  Q  Q  X  F  Æ  G  J  Ö
S  Ó  B  K  Z  L  G  U  I  C  Y  M  U  Þ  I
Ð  B  V  G  S  K  B  T  O  C  N  I  B  N  U
E  Þ  Ð  M  K  K  W  A  Q  G  S  W  Y  V  F
```

KVIÐ   BÓLGA
BRÁÐ   LUMBAR
OFNÆMI   TAUGAKVILLA
SMITANDI   BEIN
HJARTA   SÝKLA
LÍKAMI   LUNGUM
LANGVARANDI   ÖNDUNARFÆRI
VEIK   HEILSA
ARFGENGUR   HEILKENNI
ÓNÆMI   MEÐFERÐ

65 - Aquecimento Global

```
I  A  N  Ú  N  L  A  F  Ö  J  G  G  Ö  L  Q
Z  T  K  R  E  P  P  A  T  D  Z  A  J  Z  Þ
E  H  R  I  D  K  Q  Ð  E  G  P  F  S  W  V
V  Y  Í  Ð  A  F  L  E  I  Ð  I  N  G  A  R
E  G  K  Ó  A  L  Þ  J  Ó  Ð  L  E  G  X  F
Ð  L  I  L  O  U  M  H  V  E  R  F  I  S  R
U  I  S  S  A  R  U  Ð  A  N  Ð  I  H  T  A
R  F  S  N  W  R  K  Í  B  Ú  A  F  I  Ð  M
F  N  T  Y  A  H  K  A  Q  Q  R  Ð  T  C  T
A  U  J  K  V  V  Ð  T  G  Ö  G  N  A  G  Í
R  J  Ó  H  X  Þ  Þ  X  Í  T  Ð  O  S  Y  Ð
P  O  R  S  J  A  R  I  F  S  K  J  T  V  G
N  X  N  W  G  X  Ó  H  E  C  K  I  I  F  A
L  D  R  Þ  Y  V  U  S  X  Þ  H  U  G  S  Y
U  Y  H  F  O  J  N  T  S  O  Z  Þ  R  M  M
```

NÚNA	FRAMTÍÐ
UMHVERFIS	GAS
ATHYGLI	KYNSLÓÐIR
ARKTÍSKUR	RÍKISSTJÓRN
VEÐURFAR	IÐNAÐUR
AFLEIÐINGAR	ALÞJÓÐLEG
KREPPA	LÖGGJÖF
GÖGN	ÍBÚA
ÞRÓUN	HITASTIG
ORKA	

66 - Aviões

```
Q  B  I  S  F  F  R  P  U  K  D  F  B  L  H
Q  P  T  Ð  M  L  V  A  N  B  S  A  Ð  O  Æ
M  G  Y  J  D  Í  U  L  M  U  K  R  B  F  Ð
S  T  E  F  N  U  Ð  G  Z  V  T  Þ  G  T  L
H  Z  N  B  N  R  V  I  M  S  X  E  L  Ó  E
Þ  H  S  Y  I  Ð  E  S  Ð  A  A  G  Á  K  N
U  S  D  G  M  Ö  T  T  C  B  Ð  I  M  Y  D
O  A  L  Z  I  L  N  F  Ö  H  Á  U  N  R  I
W  D  E  A  H  B  I  Ð  Ð  I  X  B  R  R  N
Æ  V  I  N  T  Ý  R  I  L  N  G  A  Ó  Ð  G
P  U  Q  U  C  M  S  A  G  A  W  W  J  B  N
H  E  Q  R  V  I  W  B  Q  T  B  M  T  Z  P
V  Ð  K  P  N  P  P  U  R  J  Ð  I  S  W  Y
V  G  F  P  O  Q  O  I  K  Y  B  L  Á  S  A
Y  G  Ð  U  J  K  R  V  É  L  C  A  M  N  E
```

HÆÐ   STEFNU
LOFT   VETNI
LENDING   SAGA
STJÓRNMÁL   BLÁSA
ÆVINTÝRI   VÉL
BLÖÐRU   SIGLA
HIMINN   FARÞEGI
ELDSNEYTI   FLUGMAÐUR
SMÍÐI   ÁHÖFN
UPPRUNA   ÓKYRRÐ

67 - Tipos de Cabelo

```
M G L A N S A N D I G L N B Þ
J N J F V A V C U Q U J V R Y
Ú F Y L L G B W M T D Ó Z Ú K
K G K F V É S Q D O D S H N K
U Þ U R R Y T V B U P H V T U
R Á R G Ð T T T A Y R Æ Í B R
U N V W L N U M U R U R T P F
N R Q J Ð A T I L M T Ð U K L
N I Q V L T S Ð D G T U R R É
U H R O K K I Ð Y I Ó R G U T
Þ V U H G R T E C M L Z A L T
A W F Z B M Ð W X T L D G L U
R P L H Q H R G E Ð Ö Þ U A R
L T I K Y M D Z I O K P W Q B
W V S Þ L A N G T X S Z L Þ H
```

HVÍTUR   LJÓSHÆRÐUR
GLANSANDI   LANGT
KRULLA   BRÚNT
SKÖLLÓTTUR   SILFUR
GRÁR   SVART
LITAÐ   ÞURR
STUTT   MJÚKUR
HROKKIÐ   FLÉTTUM
ÞUNNUR   FLÉTTUR
ÞYKKUR

68 - Dias e Meses

```
Y Q A R J A D M F U L A A D T
N L A E L E A Á E E Q D J E U
Z Ó Ð B W B G N B V T L K S F
G N V M T H A U R Á D K J E V
Ð A B E B U T Ð Ú A R Y Q M I
Á W I T M L A U A R Ú O P B K
D G G P K B L R R U C N O E A
M I Ú E F N E A I G O S A R X
Þ N V S K X M R R A R Y P J D
V C P V T R U G A D U T S Ö F
M Á N U D A G U R U A P R Í L
O K T Ó B E R X Z N P P D T V
I A Y I R G K V Þ N Z K Ð X Þ
L A U G A R D A G U R Q Q F D
J Ú L Í N Ú J Y M S W H D O L
```

APRÍL   JÚNÍ
ÁGÚST   MÁNUÐUR
ÁR   NÓVEMBER
DAGATAL   OKTÓBER
DESEMBER   LAUGARDAGUR
SUNNUDAGUR   MÁNUDAGUR
FEBRÚAR   VIKA
JANÚAR   SEPTEMBER
JÚLÍ   FÖSTUDAGUR

69 - Saúde e Bem Estar #2

```
S  J  Ú  K  D  Ó  M  U  R  N  D  M  H  S  K
H  E  I  L  B  R  I  G  Ð  U  R  E  I  J  A
Ð  N  N  Z  W  M  C  L  Ó  T  R  L  Þ  Ú  L
L  Í  K  A  M  I  A  C  L  I  A  T  T  K  O
S  S  Y  H  J  U  K  T  B  M  H  I  A  R  R
S  K  A  P  R  K  R  Z  A  S  F  N  S  A  Í
U  Y  O  O  Þ  E  O  B  T  R  R  G  V  H  A
O  F  N  Æ  M  I  I  F  A  P  L  S  R  Ú  V
R  N  Þ  N  M  S  Ð  N  B  G  Þ  Y  H  S  Í
B  X  Y  Ð  X  S  Æ  P  L  U  Q  W  S  N  T
A  R  N  Y  P  G  R  M  K  Æ  R  O  E  T  A
U  C  G  U  S  Z  A  H  L  N  T  I  D  I  M
O  G  D  J  Ð  P  T  O  A  Z  U  I  E  V  Í
N  I  Ð  Æ  R  F  A  Ð  F  R  E  D  T  I  N
L  H  H  S  M  Y  M  O  J  H  B  M  D  O  Q
```

OFNÆMI	SJÚKRAHÚS
MATARLYST	SKAP
KALORÍA	SMITUN
LÍKAMI	NUDD
MATARÆÐI	ÞYNGD
MELTING	BATA
SJÚKDÓMUR	BLÓÐ
ORKA	HEILBRIGÐUR
ERFÐAFRÆÐI	VÍTAMÍN
HREINLÆTI	

70 - Geografia

```
J  B  E  I  U  H  M  E  R  I  D  I  A  N  I
B  R  E  I  D  D  M  L  K  S  Þ  W  K  T  C
B  U  H  K  I  N  N  U  F  L  Á  Q  K  M  Z
D  M  G  A  M  A  W  D  C  Q  Þ  D  M  I  R
H  I  L  J  F  L  T  P  Z  Q  I  Ð  M  E  Q
Þ  E  R  K  N  S  J  V  I  M  V  Ð  T  Y  A
B  H  P  S  P  Z  T  D  S  O  P  B  R  J  K
P  X  Þ  V  F  F  F  Y  J  H  W  T  O  A  A
Þ  I  F  Æ  U  C  A  J  Ó  P  D  L  K  R  H
A  F  I  Ð  N  N  J  D  A  S  V  J  Z  U  G
Þ  Y  D  I  P  O  B  I  J  L  S  A  L  T  A
H  L  X  U  U  R  U  Ð  U  S  L  R  K  S  N
P  L  J  K  R  Ð  O  Æ  F  S  V  Ð  Ð  E  A
X  V  B  G  D  U  T  H  R  H  W  A  S  V  Þ
R  I  V  E  R  R  Ð  M  C  Y  U  R  Q  T  Y
```

HÆÐ	FJALL
ATLAS	HEIMUR
BORG	NORÐUR
ÁLFUNNI	HAF
JARÐAR	VESTUR
EYJA	LAND
BREIDD	SVÆÐI
KORT	RIVER
SJÓ	SUÐUR
MERIDIAN	

71 - Antártica

```
S  U  Ð  Ð  W  E  Z  F  F  G  U  V  P  J  K
G  K  Þ  F  O  Þ  O  W  L  O  L  Í  Z  Ö  C
F  G  A  L  S  D  N  A  L  Ó  G  S  P  K  Y
W  R  R  G  Q  Í  D  A  G  F  I  I  L  L  Y
Þ  F  U  J  I  I  S  K  M  Q  T  N  T  A  V
P  N  G  Á  L  F  U  N  N  I  S  D  J  R  R
H  I  N  F  E  N  I  E  T  S  A  L  P  N  A
V  Þ  A  A  V  K  C  Y  U  Z  T  E  I  C  N
A  H  Ð  Þ  O  U  Y  J  M  H  I  G  Q  B  N
L  K  I  A  C  N  S  A  V  N  H  T  Q  K  S
I  S  E  Þ  I  Ð  Æ  R  F  A  D  N  A  L  Ó
R  O  L  U  M  H  V  E  R  F  I  H  Y  A  K
Þ  H  Z  H  T  O  O  G  R  O  C  K  Y  F  N
V  E  R  N  D  U  N  G  Y  F  N  V  I  F  I
P  Þ  S  K  M  Ö  R  G  Æ  S  I  R  Y  X  R
```

UMHVERFI	ÍS
VATN	LANDAFRÆÐI
FLÓI	EYJAR
HVALIR	RANNSÓKNIR
VÍSINDLEGT	STEINEFNI
VERNDUN	SKAGI
ÁLFUNNI	MÖRGÆSIR
COVE	ROCKY
LEIÐANGUR	HITASTIG
JÖKLAR	LANDSLAG

72 - Flores

```
F  Í  F  I  L  L  Z  Y  O  D  F  D  H  G  O
T  Ú  L  I  P  A  N  L  Í  L  A  Q  X  Þ  N
S  R  Ó  S  C  P  F  W  Y  C  X  L  G  F  D
U  M  Ó  L  B  R  A  N  F  O  L  R  Y  C  S
C  N  Á  N  S  P  L  U  M  E  R  I  A  B  Ó
S  Y  C  R  K  R  Ó  N  U  B  L  A  Ð  L  L
I  P  H  T  I  C  A  L  E  N  D  U  L  A  B
B  P  C  O  L  I  L  Y  O  Y  S  V  I  R  L
I  O  O  G  W  N  K  P  Ð  B  Q  I  Ö  Y  Ó
H  P  R  A  E  U  W  U  Ð  W  H  W  E  N  M
M  R  Y  C  J  H  A  N  Z  J  Þ  V  Q  O  D
R  S  L  B  H  M  A  G  N  O  L  I  A  E  V
Y  H  G  B  O  I  J  A  S  M  I  N  E  P  O
Z  K  O  C  O  J  D  J  S  D  A  I  S  Y  D
C  Ð  R  Z  L  Y  G  X  W  Þ  I  V  Q  N  Ð
```

VÖND	MAGNOLIA
CALENDULA	DAISY
FÍFILL	ORCHID
TOGA	POPPY
SÓLBLÓM	PEONY
HIBISCUS	KRÓNUBLAÐ
JASMINE	PLUMERIA
LOFNARBLÓM	RÓS
LÍLA	SMÁRI
LILY	TÚLIPAN

73 - Fazenda #1

```
Y X Q P Q K Q G U A I B T T H
C Q Y U R D N U P W P R A U R
K Ö T T U R G V M U S F Y R Í
H W L G U Ý D E A M X V H U S
U H Ð Þ Z K W X E T V R Í G G
N F G Á B U R Ð U R N O M N R
D Z A S N I G N E N W Z O I J
U O A V J F H T J P A A F L Ó
R U F L Á K N A P Y B H L K N
J D J Þ B Í K S A L Ð E O Ú H
L A N D B Ú N A Ð U R Y K J E
G Z K G I R Ð I N G K O K K S
E Y L Á H F D L Y G M N U U T
I E O Þ R N V Þ W M C J R Y U
T B Þ Þ Ð K F A H U N A N G R
```

BÍ	GIRÐING
LANDBÚNAÐUR	KRÁKA
HRÍSGRJÓN	HEY
VATN	ÁBURÐUR
KÁLFUR	KJÚKLINGUR
ASNI	KÖTTUR
GEIT	HUNANG
ENGI	SVÍN
HESTUR	FLOKKUR
HUNDUR	KÝR

74 - Livros

```
F  S  S  D  Ð  H  S  D  H  S  S  R  J  G  F
R  A  Ö  A  A  Ö  Þ  Ö  Q  B  Í  G  L  S  P
U  M  G  Þ  F  F  R  K  G  R  Ð  I  J  O  C
M  H  U  G  I  U  T  M  N  U  A  D  Ó  Y  G
L  E  L  J  R  N  U  V  Z  G  M  N  Ð  F  L
E  N  E  U  K  D  Þ  Y  Í  A  W  A  G  A  S
G  G  G  T  S  U  D  O  X  E  P  S  Ð  R  T
R  I  T  O  J  R  D  F  J  T  Ð  E  H  U  I
S  K  Á  L  D  S  A  G  A  A  Þ  L  M  S  R
B  Ó  K  M  E  N  N  T  A  I  Ð  X  I  Q  Ý
C  U  Y  K  U  F  J  A  I  W  T  B  G  F  T
A  Z  N  S  N  A  R  B  E  B  W  Þ  E  Ð  N
T  C  E  K  J  S  F  E  G  Q  O  R  Ð  J  I
V  I  Ð  E  I  G  A  N  D  I  K  W  Y  X  V
E  P  I  C  H  Ö  R  M  U  L  E  G  A  L  Æ
```

HÖFUNDUR	LESANDI
ÆVINTÝRI	BÓKMENNTA
SAFN	SÖGUMAÐUR
SAMHENGI	ORÐ
TVÍEÐLI	SÍÐA
SKRIFAÐ	LJÓÐ
EPIC	VIÐEIGANDI
SAGA	SKÁLDSAGA
SÖGULEGT	RÖÐ
FRUMLEG	HÖRMULEGA

75 - Chocolate

```
B A D X E Q C Q U K Q M I M B
P I G E J H Y B J A S Y K U R
K V T F U D R Q X K D K H T U
R Q O U W E J J O Ó L Ó K E M
E G A Ð R O B Ð A G A K A N L
V F P F F Þ U G M Æ H O R H I
D O N B H X F A Q Ð Á S A V U
N K Þ I F N R R P I P H M C P
A L X J D L V B W Z P N E R P
H W Ð F K N J J V C U E L P S
L O T Z S Y A Ð Ð Q M T L B K
I A T N L W I M C D K A A P R
R A G N I N I E A T I H P H I
P O N N L F O R X R U T Æ S F
A N D O X U N A R E F N I Z T
```

SYKUR	AÐ BORÐA
BITUR	SÆTUR
HNETUM	FRAMANDI
ANDOXUNAREFNI	UPPÁHALDS
ILMUR	BRAGÐ
HANDVERK	EFNI
KAKÓ	DUFT
HITAEININGAR	GÆÐI
KARAMELLA	UPPSKRIFT
KÓKOSHNETA	

76 - Governo

```
U  Ð  Æ  R  G  L  E  I  Ð  T  O  G  I  T  M
M  D  C  J  Ö  G  R  J  M  C  B  F  Z  P  I
D  S  J  Á  L  F  S  T  Æ  Ð  I  Z  P  C  N
Æ  Þ  F  J  B  A  H  U  D  Ó  Y  G  Y  C  N
M  K  J  Þ  W  B  E  U  Ó  J  Y  F  X  S  I
I  T  L  Z  V  H  Þ  M  M  Þ  Z  Y  Y  T  S
T  S  Á  Z  U  Ð  D  R  S  S  S  X  D  J  M
T  Y  G  K  O  I  T  Æ  L  T  T  É  R  Ó  E
É  O  Ð  P  N  W  T  Ð  R  K  K  O  Q  R  R
R  F  G  E  L  A  R  A  G  R  O  B  R  N  K
N  S  T  J  Ó  R  N  A  R  S  K  R  Á  M  I
F  A  C  M  B  F  I  Ð  Æ  R  Ð  Ý  L  Á  X
A  F  R  I  Ð  S  Æ  L  T  Í  V  E  O  L  I
J  F  R  E  L  S  I  R  G  K  Z  Y  P  B  J
Þ  J  Ó  Ð  L  E  G  U  R  I  K  A  Þ  I  C
```

BORGARALEG	RÉTTLÆTI
STJÓRNARSKRÁ	LÖG
LÝÐRÆÐI	FRELSI
RÆÐU	LEIÐTOGI
UMRÆÐA	MINNISMERKI
UMDÆMI	ÞJÓÐLEGUR
RÍKI	ÞJÓÐ
JAFNRÉTTI	FRIÐSÆLT
SJÁLFSTÆÐI	STJÓRNMÁL
DÓMS	TÁKN

77 - Jardinagem

```
S  M  Z  N  B  Y  A  Q  W  H  Q  O  O  F  I
Ð  D  R  Ð  L  O  L  K  R  B  N  Þ  R  R  S
Ð  Ð  O  P  I  N  M  C  M  L  P  Ð  E  A  C
I  D  N  I  N  I  E  R  H  Ó  I  H  M  M  V
S  L  Ö  N  G  U  N  A  C  M  L  Ð  F  A  S
Z  N  R  X  Y  Q  Y  F  Þ  S  G  L  Z  N  P
M  T  Á  L  Í  Ð  O  R  Æ  T  H  P  K  D  B
J  A  R  Ð  V  E  G  U  R  R  U  T  Æ  I  O
T  V  T  V  U  G  L  Ð  F  A  L  R  L  K  T
P  E  M  L  M  F  Q  E  L  M  Q  V  C  A  A
D  T  G  U  O  J  C  V  E  Ó  P  F  E  R  N
C  P  L  U  Y  M  W  Y  J  L  V  P  Q  C  I
C  P  A  K  N  S  V  A  C  B  G  T  I  F  C
V  R  U  F  L  D  N  Ö  V  X  U  O  D  J  A
F  W  F  A  L  D  I  N  G  A  R  Ð  U  R  L
```

VATN	LAUF
BOTANICAL	SM
VÖND	SLÖNGUNA
VEÐURFAR	ALDINGARÐUR
ÆTUR	ÍLÁT
MOLTA	OPIN
TEGUND	FRÆ
FRAMANDI	JARÐVEGUR
BLÓMSTRA	ÓHREININDI
BLÓMA	RAKI

78 - Profissões #2

```
E  I  N  K  A  S  P  Æ  J  A  R  A  D  A  C
L  Í  F  F  R  Æ  Ð  I  N  G  U  R  J  C  N
F  L  U  G  M  A  Ð  U  R  O  J  I  A  L  B
L  R  A  N  N  S  Ó  K  N  I  R  Q  R  N  J
K  J  M  Á  L  A  R  I  R  A  F  M  I  E  G
E  P  Ó  M  A  Þ  I  N  K  Æ  L  N  N  A  T
N  B  Y  S  M  N  B  K  F  D  V  Z  X  M  I
N  P  Q  F  M  Y  B  Æ  A  K  J  W  B  Þ  F
A  K  C  L  U  Y  U  L  M  O  S  D  T  L  C
R  Q  P  S  R  I  N  K  Æ  L  Ð  R  U  K  S
I  T  Þ  B  Ð  J  Q  D  S  R  B  Z  H  Y  D
T  E  I  K  N  A  R  I  A  M  J  Ó  I  B  Z
X  P  R  U  G  N  I  Ð  Æ  R  F  A  N  F  E
R  U  G  N  I  K  E  P  S  M  I  E  H  D  V
V  E  R  K  F  R  Æ  Ð  I  N  G  U  R  C  I
```

BÓNDI	LJÓSMYNDARI
GEIMFARI	TEIKNARI
LÍFFRÆÐINGUR	RANNSÓKNIR
SKURÐLÆKNIR	LÆKNI
TANNLÆKNI	FLUGMAÐUR
EINKASPÆJARA	MÁLARI
VERKFRÆÐINGUR	KENNARI
HEIMSPEKINGUR	EFNAFRÆÐINGUR

79 - Café

```
U  B  R  Q  F  I  J  N  S  S  F  M  M  B  F
J  P  O  H  G  M  I  G  U  W  M  I  O  X  J
Y  C  P  L  A  K  D  Þ  R  I  J  U  R  J  Ö
B  O  Ð  R  L  O  D  M  J  K  Ó  B  G  M  L
M  U  P  O  U  I  L  Ð  Ó  F  L  I  U  N  B
S  P  S  E  Y  N  K  S  M  P  K  T  N  T  R
L  V  M  V  Q  O  A  L  A  M  D  U  N  H  E
X  D  Y  A  D  R  Y  K  K  U  R  R  Z  K  Y
W  U  K  T  V  W  B  T  J  E  V  U  E  O  T
I  T  I  N  U  U  Z  R  W  V  E  M  Y  F  N
B  R  E  N  N  T  A  U  A  F  R  L  U  F  I
E  A  Y  Y  W  E  Þ  K  Í  G  Ð  I  D  Í  Y
N  V  A  W  R  F  P  Y  S  T  Ð  C  Y  N  D
M  S  M  C  K  E  N  S  D  H  Þ  W  X  H  X
G  B  F  L  J  Ó  T  A  N  D  I  Z  U  M  V
```

SYKUR	MJÓLK
BITUR	FLJÓTANDI
ILMUR	MORGUNN
BRENNT	MALA
VATN	UPPRUNA
DRYKKUR	VERÐ
KOFFÍN	SVART
BOLLI	BRAGÐ
RJÓMA	FJÖLBREYTNI
SÍA	

80 - Negócios

```
U J Ð I M S K R E V D T S O V
Z S J C N A K Z A N H E T H A
S C V P L M I A N K E K A A R
Ö R Q F E F K T T S U J R G N
L Z X F O F Æ B P T U U F F I
U R M H I M T Z X I A R S R N
Ð G V L Á M R Á J F K R M Æ G
X H Y I R Y I N M A L S A Ð I
Z X E R U G R K U O B Ð Ð I N
S E S E Ð S Y F J W E R U I E
O N S F A O F E U S J M R C V
K O S T N A Ð U R V X S Y E Ð
B F W A G P E N I N G A R N L
Ú J B Ð A F O T S F I R K S T
Ð U P F H A F S L Á T T U R O
```

FERIL
KOSTNAÐUR
AFSLÁTTUR
PENINGAR
HAGFRÆÐI
STARFSMAÐUR
FYRIRTÆKI
SKRIFSTOFA
VERKSMIÐJU

FJÁRMÁL
SKATTAR
BÚÐ
HAGNAÐUR
VARNINGI
MYNT
TEKJUR
VIÐSKIPTI
SÖLU

81 - Fazenda #2

```
M P G M H B K W O M C Q O B T
Q E R D N I T I E V H Z C Ó N
Ú X Æ M X W R U T X Ö V Á N D
B O N Y K Q Ý Ð K Ð T I I D P
A L M S U C D L I O U D F I H
N É E U W B Y G G R R O X E L
G V T F E E N B J Q Ý N Þ X Ö
U R I K N T W G Þ W D Ö R Z Ð
L A M B G M J Ó L K A N O G U
F T X Q I R F C B L M D S H T
Ý T Þ G F E H S T D A V K K I
B Á R K J Z K V Ð T L W A S E
G R U Ð R A G N I D L A Ð I V
N D G F C X Þ X K W Y K U Q Á
H J Y G H K I N D F V L R L Y
```

BÓNDI	ÞROSKAÐUR
DÝR	KORN
HLÖÐU	KIND
BYGG	HIRÐIR
BÝFLUGNABÚ	ÖND
LAMB	ALDINGARÐUR
ÁVÖXTUR	ENGI
ÁVEITU	DRÁTTARVÉL
MJÓLK	HVEITI
LAMADÝR	GRÆNMETI

82 - Jardim

```
W A H Ð G R A S F L Ö T C B J
T P Q W N T V E R Ö N D J E S
Y Q R L N X H Y Z J N C T T V
X X U Þ O L R Ú K S L Í B M L
W W Y M N N Í L Ó P M A R T W
B E K K U R F G C S B Z K Z J
G R A S X I A T I M K T B O R
G A R Ð U R L P H R I Þ L Q M
I Z F I K L D L H O Ð R Ó T Ú
B U S H R Z K W G N O I M R R
V Í N V I Ð U R F R U R N É I
S L Ö N G U N A Þ Ö E M C G G
J A R Ð V E G U R J T S Z N N
U S L G P O W S J T I G I M E
A L D I N G A R Ð U R S C B H
```

HRÍFA
BUSH
TRÉ
BEKKUR
GIRÐING
ILLGRESI
BLÓM
BÍLSKÚR
GRAS
GRASFLÖT

GARÐUR
TJÖRN
HENGIRÚM
SLÖNGUNA
MOKA
ALDINGARÐUR
JARÐVEGUR
VERÖND
TRAMPÓLÍN
VÍNVIÐUR

83 - Oceano

```
O  A  X  I  H  U  L  R  A  K  Á  H  S  S  Ð
F  I  S  K  U  R  Ð  M  K  D  M  Ö  A  K  P
R  Z  R  U  K  S  I  F  N  Ú  T  F  L  L  Á
L  I  D  G  V  O  M  P  B  C  I  R  T  U  L
B  X  F  P  S  R  L  S  Y  Ð  B  U  H  U  L
S  V  A  M  P  U  R  K  S  L  K  N  V  Þ  Ö
Q  J  J  R  K  M  W  P  R  L  F  G  A  Ö  F
J  B  K  K  R  Y  M  U  A  T  U  L  R  R
S  U  Æ  Z  E  O  A  Þ  T  R  B  R  U  U  A
R  L  R  Z  Z  T  O  B  Á  Ó  X  B  R  N  V
F  Y  O  C  G  S  T  U  B  K  L  J  I  G  Á
M  A  R  G  L  Y  T  T  A  I  X  U  T  A  J
S  O  S  T  R  A  K  A  B  D  L  A  J  K  S
R  P  V  G  R  W  L  T  S  L  V  X  U  Q  V
L  Z  N  Q  D  J  A  R  C  E  J  Q  S  I  K
```

ÞÖRUNGA	SJÁVARFÖLL
TÚNFISKUR	MARGLYTTA
HVALUR	OSTRA
BÁTUR	FISKUR
RÆKJA	KOLKRABBI
KRABBI	RIF
KÓRALL	SALT
ÁLL	SKJALDBAKA
SVAMPUR	STORMUR
HÖFRUNGUR	HÁKARL

84 - Profissões #1

```
S  J  A  R  Ð  F  R  Æ  Ð  I  N  G  U  R  W
Þ  E  A  Þ  N  Q  U  N  L  N  J  F  O  J  A
J  P  N  P  I  L  Z  K  Æ  E  U  Y  R  W  Ð
Á  Í  K  D  Ð  C  U  W  K  E  T  R  I  O  G
L  A  V  L  I  R  A  S  N  A  D  U  P  K  U
F  N  T  R  Æ  H  G  H  I  T  T  Ð  I  F  H
A  Ó  D  R  E  Ð  E  Ð  R  S  Ð  A  R  M  D
R  L  Þ  E  G  H  S  R  U  Ð  A  M  G  Ö  L
I  E  X  Z  V  S  Ð  K  R  Ð  F  A  T  O  W
H  I  K  B  R  P  S  Z  E  A  W  T  R  G  W
N  K  W  N  L  T  W  U  N  R  P  T  A  Z  B
I  A  S  J  Ó  M  A  Ð  U  R  I  Ó  K  J  S
P  R  U  Ð  A  M  A  T  S  I  L  R  S  B  J
I  I  K  R  I  V  L  É  V  R  N  Þ  Q  G  C
V  E  I  Ð  I  M  A  Ð  U  R  D  Í  V  Z  G
```

LÖGMAÐUR

KLÆÐSKERI

LISTAMAÐUR

ÍÞRÓTTAMAÐUR

VEIÐIMAÐUR

DANSARI

LÆKNIR

SENDIHERRA

JARÐFRÆÐINGUR

SKARTGRIPIR

SJÓMAÐUR

VÉLVIRKI

PÍANÓLEIKARI

ÞJÁLFARI

85 - Força e Gravidade

```
M  D  Z  Q  M  Þ  A  J  J  Y  Þ  C  J  K  U
V  I  Ð  A  R  H  R  Ð  K  F  Y  D  P  Z  P
V  É  Ð  R  Æ  T  S  Ý  D  N  N  P  H  F  P
C  Þ  L  J  S  M  Á  M  S  X  G  I  B  Z  G
E  P  Y  F  A  S  C  B  E  T  D  R  A  C  Ö
Ð  T  U  A  R  B  R  O  P  S  I  I  B  U  T
L  Á  S  H  Q  Æ  A  M  I  X  W  N  H  J  V
I  H  E  R  F  V  Ð  K  Q  D  B  G  G  T  U
S  R  G  E  J  S  I  I  T  Í  M  I  S  U  N
F  I  U  Y  A  V  L  V  A  I  F  E  T  X  R
R  F  L  F  R  X  H  K  X  Þ  O  D  Æ  K  Y
Æ  L  M  I  L  N  L  G  Q  F  P  Y  K  H  R
Ð  L  A  N  Æ  Ð  A  O  Q  L  W  K  K  X  N
I  E  G  G  G  N  I  N  Ú  N  J  L  U  R  D
Y  P  N  F  Ð  S  V  Q  C  R  Q  W  N  Ð  D
```

NÚNING	STÆRÐ
MIÐJA	VÉLFRÆÐI
UPPGÖTVUN	HREYFING
KVIK	SPORBRAUT
FJARLÆGÐ	ÞYNGD
ÁS	ÞRÝSTINGUR
STÆKKUN	EIGNIR
EÐLISFRÆÐI	HRAÐI
ÁHRIF	TÍMI
SEGULMAGN	ALHLIÐA

86 - Abelhas

```
C  Z  N  S  H  H  L  Ó  S  G  V  K  Z  S  I
C  L  V  P  H  O  T  I  K  A  G  Æ  F  P  Z
T  C  V  M  W  I  W  N  O  R  A  V  N  G  Q
T  T  U  X  D  F  B  T  R  Ð  G  N  P  G  K
H  M  K  A  W  S  E  Y  D  U  N  C  W  N  I
B  Ú  S  V  Æ  Ð  I  E  Ý  R  L  M  P  I  C
K  G  Þ  Z  D  X  V  R  R  Z  E  O  L  N  L
K  V  I  K  M  S  K  B  U  D  G  G  Ö  T  C
F  C  G  I  U  F  S  L  Á  K  L  Ð  N  T  U
I  Q  L  V  R  R  Y  Ö  K  V  Y  D  T  O  E
S  T  N  R  O  K  Ó  J  R  F  Ö  E  U  R  N
Ú  B  A  N  G  U  L  F  Ý  B  U  X  R  D  F
B  L  Ó  M  S  T  R  A  B  L  Ó  M  T  O  E
V  I  S  T  K  E  R  F  I  G  N  A  N  U  H
N  B  W  Ð  P  H  U  F  Z  H  A  J  D  I  R
```

VÆNGI	REYKUR
GAGNLEG	BÚSVÆÐI
VAX	SKORDÝR
BÝFLUGNABÚ	GARÐUR
FJÖLBREYTNI	HUNANG
VISTKERFI	PLÖNTUR
KVIK	FRJÓKORN
BLÓMSTRA	DROTTNING
BLÓM	SÓL
ÁVÖXTUR	

87 - Comida #1

```
T  I  Q  R  U  K  U  A  L  T  Í  V  H  G  K
S  N  M  A  F  A  S  H  O  Y  U  P  U  A  A
T  A  P  Ú  S  N  P  V  M  J  Ó  L  K  N  K
Ó  Ú  L  V  F  I  Í  U  N  Ó  R  T  Í  S  A
R  J  N  T  N  L  N  M  E  L  U  V  L  Y  K
L  E  Y  F  L  S  A  P  Æ  N  K  R  F  K  O
U  E  W  V  I  G  T  P  P  R  U  U  F  U  G
G  S  T  Q  S  S  B  Y  G  G  A  T  T  R  D
I  I  C  B  A  N  K  Y  G  U  L  C  E  F  I
H  H  X  B  B  W  P  U  W  X  E  P  Ð  N  D
S  E  G  Y  L  O  X  A  R  R  A  F  Ð  G  H
S  A  L  A  T  A  P  R  Í  K  Ó  S  A  Y  E
L  J  J  A  R  Ð  A  R  B  E  R  O  A  N  Q
U  A  F  O  C  U  O  Ð  R  X  B  B  Y  H  H
Y  Z  I  X  V  M  W  R  B  G  J  M  E  H  U
```

SYKUR	SPÍNAT
HVÍTLAUKUR	MJÓLK
HNETU	SÍTRÓNU
TÚNFISKUR	BASIL
KAKA	JARÐARBER
KANIL	NÆPA
LAUKUR	SALT
GULRÓT	SALAT
BYGG	SÚPA
APRÍKÓSA	SAFA

88 - Geometria

```
H  V  O  J  T  N  D  J  L  G  K  S  N  P  W
Þ  Æ  R  A  T  J  M  J  X  Y  X  S  E  I  K
R  S  Ð  F  K  S  A  M  H  L  I  Ð  A  T  Y
Í  A  R  N  F  E  H  P  C  C  Þ  O  W  C  T
H  M  O  A  H  G  N  I  N  K  I  E  R  T  Ú
Y  H  B  Þ  O  G  H  N  Q  H  A  N  A  T  Y
R  V  R  S  R  Y  L  T  I  G  F  T  H  É  Z
N  E  I  D  N  D  U  L  B  N  O  I  L  R  L
I  R  F  D  N  I  T  Á  I  I  G  Ð  U  Á  J
N  F  Y  U  X  N  I  M  S  R  D  Æ  T  L  Y
G  U  A  W  N  N  E  R  S  H  E  R  F  I  F
U  F  W  T  L  E  I  E  E  D  U  F  A  U  M
R  V  T  P  D  D  Í  V  M  H  H  K  L  W  Z
L  Ó  Ð  R  É  T  T  Þ  H  H  V  Ö  L  F  E
M  I  Ð  G  I  L  D  I  Ð  G  N  R  Þ  P  A
```

HÆÐ	MESSI
HORN	MIÐGILDI
ÚTREIKNING	SAMHLIÐA
HRING	HLUTFALL
FERILL	HLUTI
ÞVERMÁL	SAMHVERFU
VÍDD	YFIRBORÐ
JAFNA	KENNING
LÁRÉTT	ÞRÍHYRNINGUR
RÖKFRÆÐI	LÓÐRÉTT

89 - Pássaros

```
N V Þ K R Z B Ð G S P F N B L
L W G S O W M Y F W E L V W Z
N L U N G G Þ E S G A A A Ð K
I B P Þ E F X L W F C M Q F J
S R T S I Þ T K X Ð O I U H Q
K Y V N I K M J T P C N C U M
J C W W O R R A P S K G Y N Ö
Ú Ö R N R U F Á M M H O R A R
K S T O R K U R K D J E X C G
L Ö S Þ L E I F N A R Z R U Æ
I N L Æ E Y R V J L U R U O S
N D A L G U F Í R A N A K T N
G D I X G P E L I C A N U E Q
U S T R Ú T U R Ð F V D A G U
R U K U A G A F Á P S D G A G
```

STRÚTUR   GÆS
ÖRN   HERON
KANARÍFUGL   EGG
STORKUR   PÁFAGAUKUR
SVANUR   SPARROW
KRÁKA   ÖND
GAUKUR   PEACOCK
FLAMINGO   PELICAN
KJÚKLINGUR   MÖRGÆS
MÁFUR   TOUCAN

90 - Literatura

```
N  I  Ð  U  R  S  T  A  Ð  A  B  L  M  K  A
S  K  Á  L  D  S  A  G  A  Þ  Ð  U  I  F  V
Y  G  N  I  S  Ý  L  L  S  N  J  M  U  Þ  J
S  N  G  R  E  I  N  I  N  G  E  R  S  T  A
O  I  Þ  G  T  D  F  J  H  R  J  Æ  T  K  Y
S  K  Á  L  D  S  K  A  P  U  R  Ð  Í  S  P
T  Í  L  U  B  Ð  L  M  D  D  Æ  U  L  P  Ð
A  L  Í  Z  R  W  F  E  B  N  V  L  J  Ó  Ð
K  D  K  W  F  Í  L  Þ  F  U  I  D  B  R  K
T  N  I  P  D  W  M  O  O  F  S  Q  C  R  I
U  Y  N  F  H  Q  Z  I  B  Ö  A  L  D  E  J
R  M  G  O  O  Q  A  C  I  H  G  B  Ð  O  K
G  Z  A  S  V  D  Á  L  I  T  A  B  Ð  P  Z
S  Y  R  U  Ð  A  M  U  G  Ö  S  G  U  J  E
S  A  M  A  N  B  U  R  Ð  U  R  L  B  B  C
```

LÍKINGAR	SKÁLDSKAPUR
GREINING	MYNDLÍKING
E.	SÖGUMAÐUR
HÖFUNDUR	ÁLIT
ÆVISAGA	LJÓÐ
SAMANBURÐUR	RÍM
NIÐURSTAÐA	TAKTUR
LÝSING	SKÁLDSAGA
UMRÆÐU	ÞEMA
STÍL	

91 - Química

```
R  A  P  C  W  M  Í  S  N  E  K  O  E  T  O
Ó  A  F  T  I  D  F  A  Ú  E  W  C  U  T  Z
L  R  F  D  Ð  O  C  G  L  R  T  C  K  Q  W
K  Ý  Þ  E  S  Ú  R  G  H  N  E  G  R  R  Þ
L  S  H  Þ  I  N  F  E  L  O  K  F  O  A  Y
Í  S  S  I  D  N  A  T  Ó  J  L  F  N  B  N
F  E  A  Z  G  Þ  D  H  I  T  A  Y  R  I  G
R  Y  X  L  I  S  A  M  E  I  N  D  A  N  D
Æ  D  Y  D  T  V  H  R  R  X  J  K  J  T  L
N  X  E  Þ  A  Ð  Q  H  S  Ð  Ó  J  K  E  I
T  L  M  J  V  Y  F  H  H  U  N  S  P  V  I
Ð  Q  M  D  H  H  I  T  A  S  T  I  G  E  S
P  K  E  I  P  W  Q  Q  W  Þ  L  D  G  I  S
E  G  E  I  E  C  E  V  P  D  M  D  D  G  D
M  X  G  Q  B  K  Q  Z  O  D  Þ  Æ  T  T  I
```

SÚR	VETNI
SÝRA	JÓN
HITA	FLJÓTANDI
KOLEFNI	SAMEIND
HVATI	KJARNORKU
KLÓR	LÍFRÆNT
ÞÆTTI	SÚREFNI
RAFEIND	ÞYNGD
ENSÍM	SALT
GAS	HITASTIG

92 - Clima

```
I  U  Þ  K  K  Q  F  G  B  R  G  L  W  A  H
E  J  W  S  M  M  O  N  S  Ú  N  O  O  N  Ð
Z  A  H  I  T  A  S  T  I  G  N  X  L  M  O
Q  A  E  L  D  I  N  G  A  J  I  Þ  F  A  G
T  P  O  L  A  R  K  S  Z  S  M  O  E  K  J
V  R  Y  Z  M  S  N  J  Þ  I  I  S  L  Ó  L
E  A  O  X  Q  Í  K  U  U  G  H  T  L  Þ  W
Ð  K  D  P  Þ  H  Q  Ý  R  R  O  J  I  U  H
U  R  A  R  I  A  B  K  R  B  R  Ó  B  Ð  S
R  R  N  U  S  C  C  O  T  M  U  R  Y  T  T
F  U  R  M  Q  M  A  Þ  N  Ð  D  N  L  O  O
A  Þ  O  U  X  B  R  L  B  Ð  N  M  U  E  R
R  L  T  R  E  G  N  B  O  G  I  Á  R  Q  M
A  Þ  E  Þ  S  A  F  I  F  M  V  L  I  L  U
S  S  T  K  P  E  J  K  F  Z  J  X  O  S  R
```

REGNBOGI	POLAR
STJÓRNMÁL	ELDING
GOLA	ÞURRKAR
HIMINN	ÞURRT
VEÐURFAR	HITASTIG
FELLIBYLUR	STORMUR
ÍS	TORNADO
MONSÚN	TROPICAL
ÞOKA	ÞRUMUR
SKÝ	VINDUR

93 - Arte

```
U  V  T  G  E  L  N  I  G  I  R  O  J  K  P
T  K  B  J  F  N  A  N  Z  O  Ð  X  L  E  E
D  W  C  F  N  K  O  I  L  L  Q  D  Þ  R  R
T  L  X  O  I  G  N  I  N  T  E  S  M  A  S
W  I  I  K  E  C  O  K  N  M  Z  E  Ð  M  Ó
T  P  I  M  S  I  L  A  E  R  R  Ú  S  I  N
X  Z  Ð  F  E  T  N  M  F  S  A  B  G  K  U
Y  L  Þ  Ð  F  I  V  F  Á  L  U  D  M  I  L
H  Ö  G  G  M  Y  N  D  A  L  Ó  B  T  Þ  E
U  F  X  Þ  A  N  K  N  S  L  V  K  S  B  G
E  X  R  S  S  G  Á  Y  Ý  T  T  E  I  F  T
A  U  A  L  P  L  T  M  L  J  Ó  Ð  R  Ð  S
H  E  I  Ð  A  R  L  E  G  U  R  M  R  K  E
X  S  A  Z  K  S  J  Ó  N  R  Æ  N  Þ  O  G
O  R  U  T  S  Á  L  B  N  N  I  F  I  O  Ð
```

KERAMIK   PERSÓNULEGT
FLÓKIÐ   MÁLVERK
SAMSETNING   LJÓÐ
HÖGGMYND   LÝSA
SEGÐ   EINFALT
MYND   TÁKN
HEIÐARLEGUR   EFNI
SKAP   SÚRREALISMI
INNBLÁSTUR   SJÓNRÆN
ORIGINLEGT

94 - Diplomacia

```
A Y C F G S B N S U A L Q P M
U L I P F E W U I E I P T I A
L Á M U G N U T Ð D Ð S K E N
C M S L A D X Ð F E K E E P N
O N V Q L I E X R E B N S Ð R
V R J T É H W D Æ H V D A Ð Æ
K Ó O Y F E H V Ð B D I M N Ð
I J Ð Z M R T I I Q U R S R I
E T S R A R A G R O B Á T Á Ö
Þ S Æ V S A Ð Æ R M U Ð A Ð R
D I P L O M A T I C X Q R G Y
Þ V K Ö T Á J E D O D V F J G
Q N R Ó J T S S I K Í R H A G
D I S Y K G É G Q P I Þ F I
Á L Y K T U N R I X N Þ E I M
```

BORGARAR	SIÐFRÆÐI
SAMFÉLAG	RÍKISSTJÓRN
ÁTÖK	MANNRÆÐI
RÁÐGJAFI	RÉTTLÆTI
SAMSTARF	TUNGUMÁL
DIPLOMATIC	STJÓRNMÁL
UMRÆÐA	ÁLYKTUN
SENDIRÁÐ	ÖRYGGI
SENDIHERRA	LAUSN

95 - Comida # 2

```
K J Ú K L I N G U R E G K R J
Z I E R O Y D G W I V B I L Z
V T W G U I R E Y P Y G R U E
I J X A G Ð O A Q P Þ Q S B G
D G V P T A M Ó T E W X U V Y
E P Ð D K L L F J V Y E B E O
H X M B Í U V D D S Q K E Q X
J R S O V K N H I V R O R Ð X
B D Í Y Í K F V L N U H W Q N
J B G S W Ú Ð E P S K I N K A
U Ó O B G S N I E R S T T Z K
Q L G Z L R U T S O I R Z F R
C P E Ú J D J I E H F A H F J
F W M C R F U Ó M Ö N L U T I
N Ð R I R T H I N A N A B U N
```

ARTIHOKE   JÓGÚRT
MÖNLU   KÍVÍ
HRÍSGRJÓN   EPLI
BANANI   EGG
EGGALDIN   FISKUR
KIRSUBER   SKINKA
SÚKKULAÐI   OSTUR
SVEPPIR   TÓMAT
KJÚKLINGUR   HVEITI

96 - Universo

```
M  R  R  J  P  J  G  I  C  S  P  Q  S  H  Ð
S  I  T  E  N  M  I  H  O  T  X  E  P  A  H
S  T  Ð  N  K  U  Y  N  S  J  L  U  O  L  I
F  M  J  B  N  Ð  Q  Q  M  Ó  W  I  R  L  M
L  V  Á  Ö  A  W  F  W  I  R  B  D  B  A  I
X  H  U  S  R  U  J  U  C  N  O  E  R  U  N
L  G  N  U  T  N  G  B  X  M  G  D  A  Z  N
Ó  Q  P  W  G  I  U  U  M  Á  W  B  U  Ð  G
S  S  Z  D  E  X  R  F  R  L  N  A  T  Þ  N
I  Y  X  A  L  A  G  N  R  A  Ð  R  A  J  I
I  K  U  A  N  Ó  J  S  I  Æ  D  Ý  R  I  R
B  J  A  Ý  C  A  Þ  Z  M  Ð  L  C  X  X
Y  O  Q  V  S  Ð  R  K  R  D  D  I  E  R  B
L  E  N  G  D  A  R  G  R  Á  Ð  U  N  H  M
S  Ó  L  S  T  Ö  Ð  U  R  Ð  S  H  G  D  Q
```

SMÁSTIRNI	HALLA
STJÖRNUFRÆÐI	BREIDD
STJÓRNMÁL	LENGDARGRÁÐU
HIMNETI	TUNGL
HIMINN	SPORBRAUT
COSMIC	SÓL
EON	SÓLSTÖÐUR
MIÐBAUGUR	SJÓNAUKI
GALAXY	SÝNLEGT
JARÐAR	DÝRIR

97 - Jazz

```
S  I  M  M  H  T  G  R  T  R  O  M  M  U  R
T  T  Ý  N  Æ  Ó  A  W  N  J  W  J  Z  Q  S
I  Æ  Í  G  F  N  E  R  R  Y  M  O  W  I  Ð
E  L  A  L  I  L  W  U  O  J  J  L  R  J  K
V  R  S  R  L  E  H  Ð  L  U  L  Q  G  K  N
S  I  Q  X  E  I  A  A  L  S  R  E  H  Á  V
M  T  L  T  I  K  T  M  A  S  Z  R  F  F  H
Ó  F  O  Ó  K  A  D  A  M  I  F  K  R  R  Y
J  E  Ð  N  I  R  I  T  A  P  F  K  Æ  P  R
L  L  O  L  N  I  Q  S  G  X  T  V  G  R  J
H  A  U  I  U  I  P  I  N  K  Æ  T  U  U  J
Z  Ð  G  S  P  D  Y  L  B  Ð  D  D  R  T  X
E  V  I  T  S  B  L  D  Ö  A  Ð  R  S  K  J
P  Y  W  V  H  G  N  I  N  T  E  S  M  A  S
T  Ó  N  S  K  Á  L  D  D  N  U  G  E  T  H
```

LISTAMAÐUR	EFTIRLÆTI
PLÖTU	TEGUND
TROMMUR	SPUNI
LAG	TÓNLIST
SAMSETNING	NÝTT
TÓNSKÁLD	HLJÓMSVEIT
TÓNLEIKAR	TAKTUR
STÍL	HÆFILEIKI
ÁHERSLA	TÆKNI
FRÆGUR	GAMALL

98 - Barcos

```
E  H  X  N  S  A  K  Þ  S  R  K  Þ  N  Q  Y
H  I  G  J  A  J  L  O  V  I  K  E  L  F  H
R  P  Ð  N  C  M  Ó  L  N  V  C  Z  T  P  H
B  R  U  D  L  Ö  O  M  V  E  U  Q  V  A  X
Y  U  J  K  K  E  N  S  A  R  E  P  P  É  Y
R  Ð  R  I  R  Z  S  F  E  N  F  Ö  H  Á  L
K  A  N  Ó  J  S  Q  E  K  C  N  K  Ð  M  Z
A  M  W  T  F  J  Ö  R  U  C  N  A  Þ  Q  Z
J  Ó  Ð  B  A  M  A  S  T  U  R  T  F  Y  L
A  J  R  E  F  V  T  X  Þ  V  Y  Y  B  A  D
K  S  R  C  A  L  U  J  G  G  Y  R  B  G  I
E  B  L  H  H  F  K  Ð  L  F  W  X  F  D  P
L  A  W  F  K  O  Ð  C  Ö  A  K  K  E  R  I
A  U  C  N  N  R  Y  K  Ð  T  G  L  R  L  E
C  V  F  T  Y  D  C  K  I  N  S  W  G  E  R
```

AKKERI	SJÓ
FERJA	FJÖRU
BAU	SJÓMAÐUR
KAJAK	MASTUR
KANÓ	VÉL
REIPI	SJÓMANNA
BRYGGJU	HAF
SNEKKJU	ÖLDUR
FLEKI	RIVER
STÖÐUVATN	ÁHÖFN

99 - Mamíferos

```
G H G L N A D L A F L Ú G H E
O Í A J U L P Ð L L J B Ó V V
T O R U F E R I D W S D R A R
F L B A R Ú G N E K B Z I L V
X L E N F T R Ð H I Þ A L U Z
C R Z Í L F Þ R E F B W L R P
V J Þ N Í J I U S A H B A J T
N A Y A F S Ó G T U A N A Q V
H E B K M K A N U T J S S S V
H U N D U R E U R E V A E B P
Þ Ð P S M U Ð R U T T Ö K I P
Y R A Z Q Z D F F K I N D Ð Z
I X F M Q H X Ö L M X Z Ð O W
B C L H V Q Z H Ú W A B M F N
S L É T T U Ú L F U R A X E Ð
```

HVALUR	GÍRAFFI
ÚLFALDA	HÖFRUNGUR
KENGÚRA	GÓRILLA
BEAVER	LJÓN
HESTUR	ÚLFUR
HUNDUR	API
KANÍNA	KIND
SLÉTTUÚLFUR	REFUR
FÍL	NAUT
KÖTTUR	ZEBRA

100 - Atividades e Lazer

```
Y  S  P  R  F  Á  H  U  G  A  M  Á  L  K  T
F  L  D  G  I  Ó  T  R  C  S  T  Ð  J  Ö  E
Y  V  H  S  R  K  T  S  A  Ð  R  E  F  F  N
F  Q  S  U  K  A  L  B  G  Q  O  W  K  U  N
O  V  Y  N  T  C  Y  E  O  F  F  N  Ö  N  I
S  G  N  D  O  G  L  T  X  L  E  P  R  Q  S
L  I  S  T  P  L  Ð  E  R  Ð  T  Q  F  M  Y
G  Ö  N  G  U  F  E  R  Ð  I  R  I  U  Á  T
H  A  F  N  A  B  O  L  T  I  G  Ð  B  L  Þ
G  Ú  P  L  B  V  U  C  V  Q  X  I  O  V  U
G  O  T  D  L  X  W  E  R  H  A  E  L  E  Þ
Y  K  L  J  V  R  S  A  X  B  A  V  T  R  H
I  D  Y  F  Æ  Þ  X  F  V  L  C  A  I  K  O
D  C  A  N  R  Ð  Þ  S  N  W  X  T  Q  O  N
Y  L  P  L  A  V  A  J  K  R  Y  Ð  R  A  G
```

ÚTJÆÐA	GARÐYRKJA
LIST	KÖFUN
KÖRFUBOLTI	SUND
HAFNABOLTI	VEIÐI
GÖNGUFERÐIR	MÁLVERK
FÓTBOLTI	TENNIS
GOLF	FERÐAST
ÁHUGAMÁL	BLAK

1 - Dirigindo

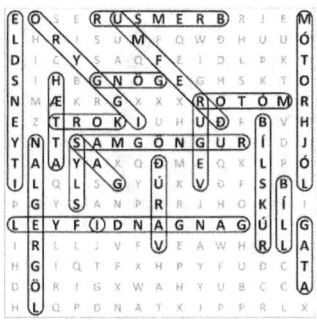

2 - Antiguidades

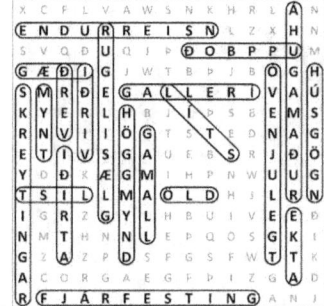

3 - Churrascos

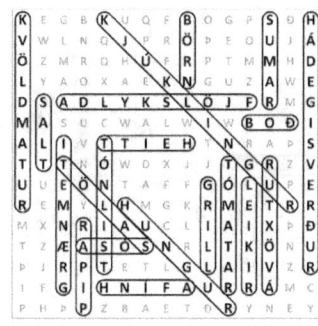

4 - Pesca

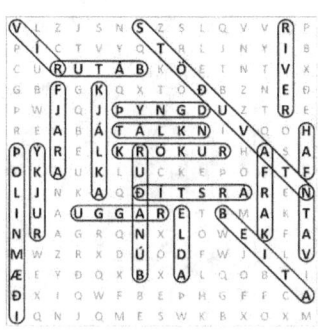

5 - Geologia

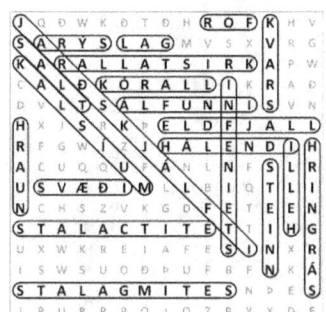

6 - Ética

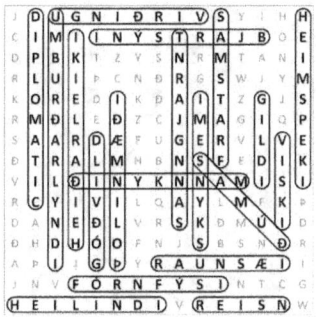

7 - Tempo

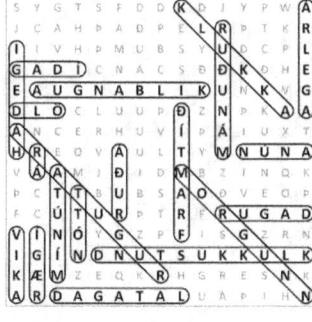

8 - Astronomia

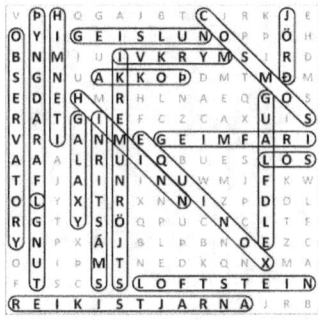

9 - Acampamento

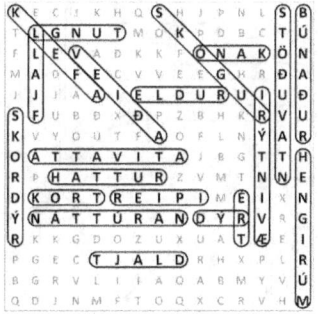

10 - Emoções

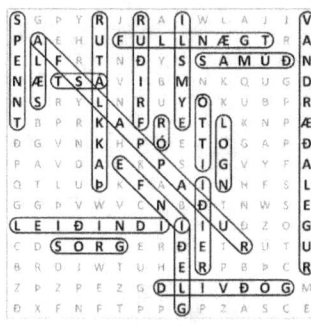

11 - Ficção Científica

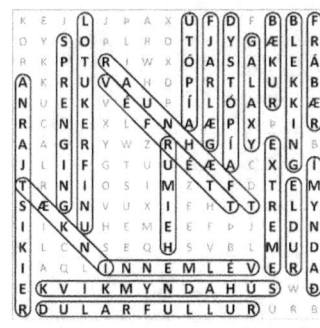

12 - Mitologia

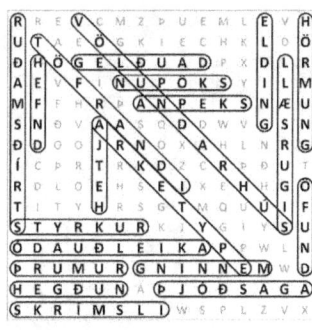

13 - Medições

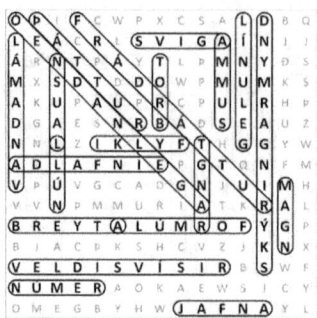

14 - Álgebra

15 - Plantas

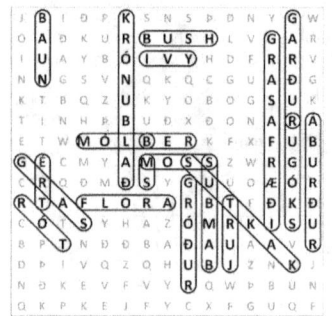

16 - Veículos

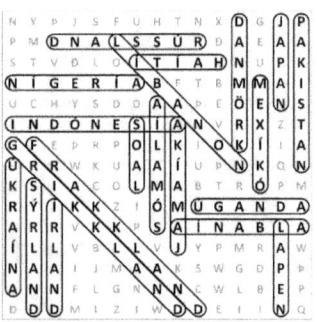

17 - Engenharia

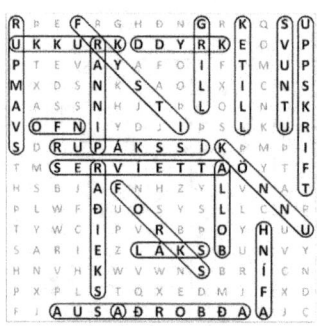

18 - Restaurante # 2

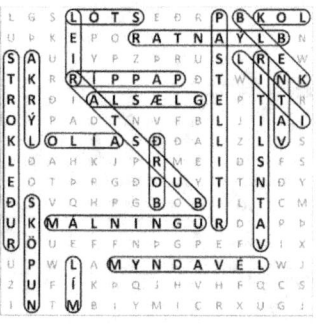

19 - Países #2

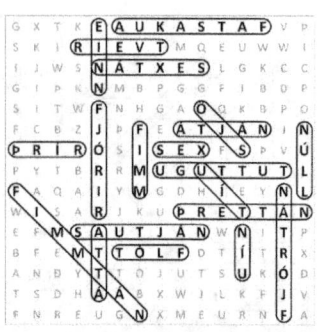

20 - Cozinha

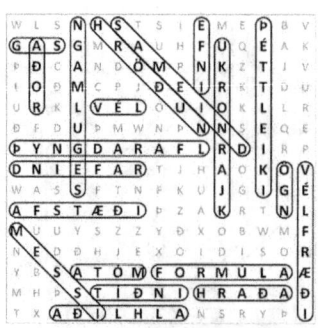

21 - Material de Arte

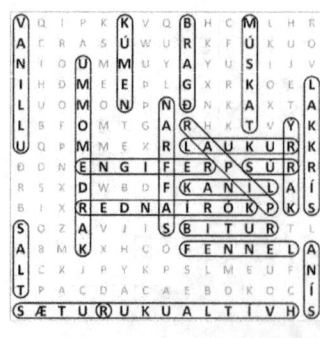

22 - Números

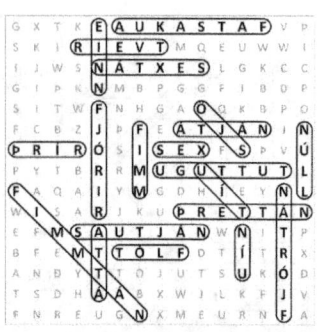

23 - Física

24 - Especiarias

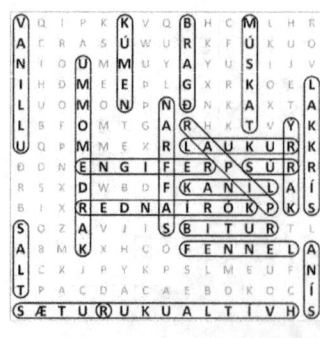

25 - Países #1

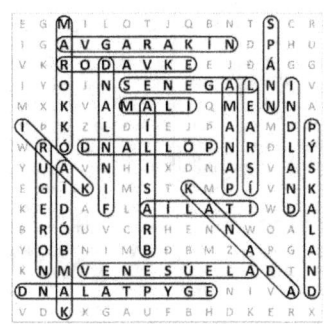

26 - A Mídia

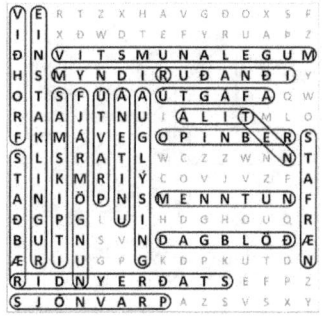

27 - Casa

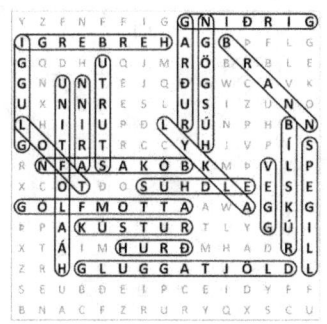

28 - Vegetais

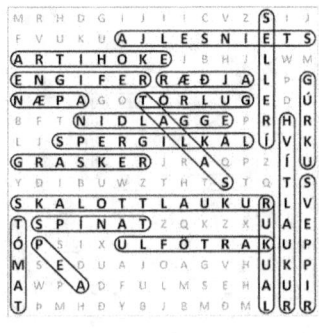

29 - Balé

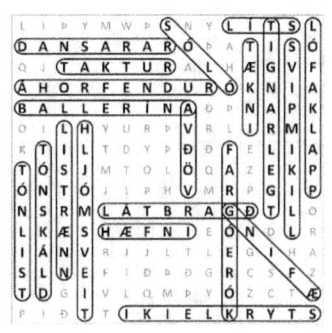

30 - Adjetivos #1

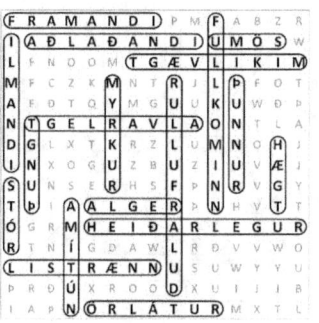

31 - Paisagens

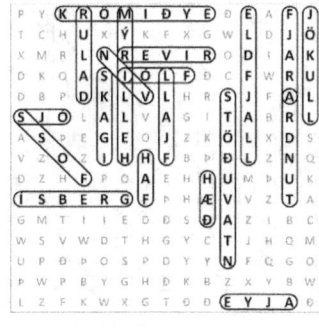

32 - Dança

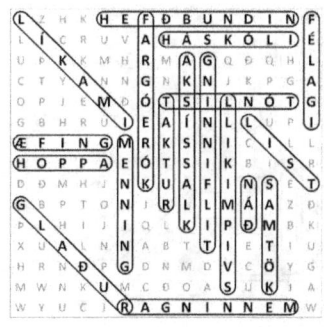

33 - Nutrição

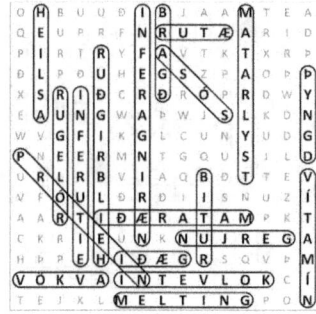

34 - Energia

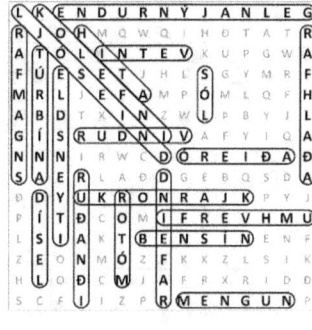

35 - Disciplinas Científicas

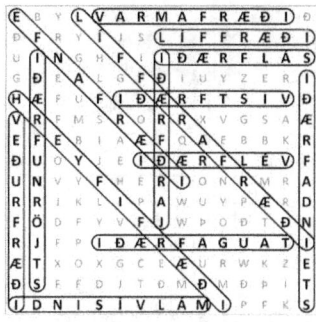

36 - Meditação

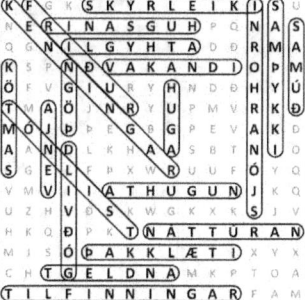

37 - Artes Visuais

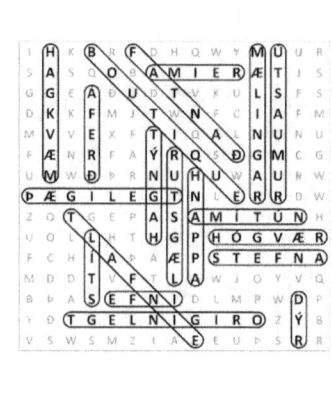

38 - Moda

39 - Instrumentos Musicais

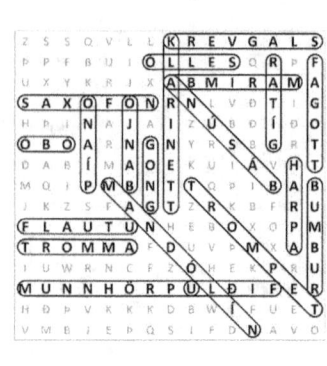

40 - Adjetivos #2

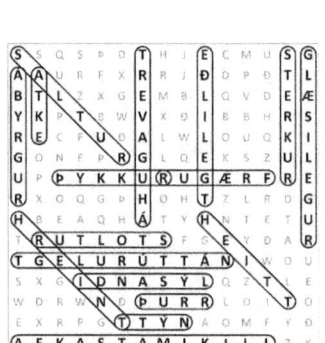

41 - Roupas

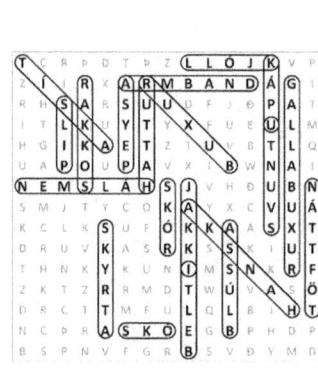

42 - Herbalismo

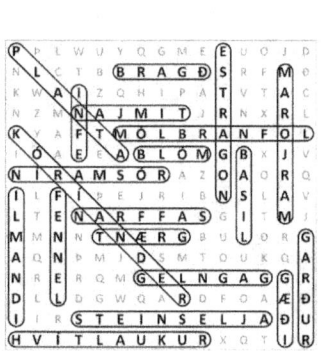

43 - Arqueologia

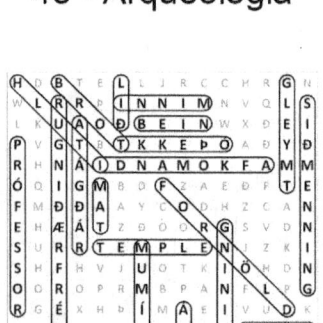

44 - Esporte

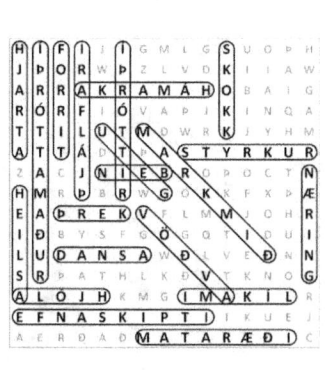

45 - Agronomia

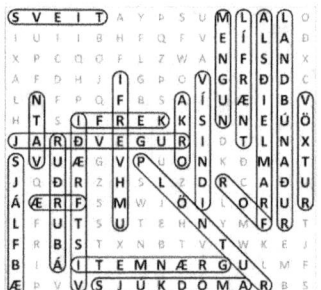

46 - Frutas

47 - Corpo Humano

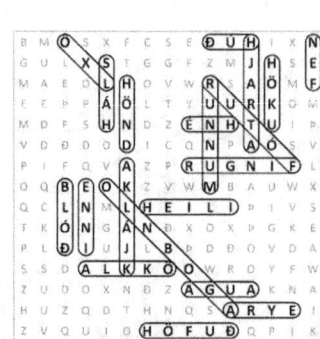

48 - Caminhada

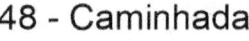

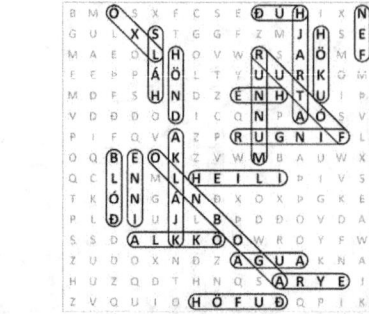

49 - Biologia
50 - Beleza
51 - Filantropia

52 - Ecologia
53 - Família
54 - Edifícios

55 - Xadrez
56 - Aventura
57 - Floresta Tropical

58 - Cidade
59 - Música
60 - Matemática

61 - Saúde e Bem Estar #1

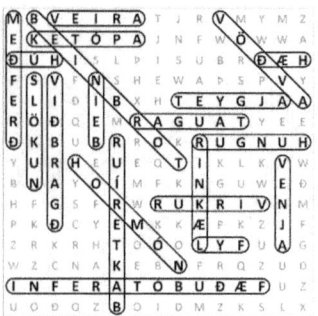

62 - Natureza

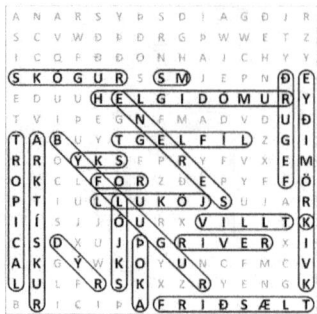

63 - A Empresa

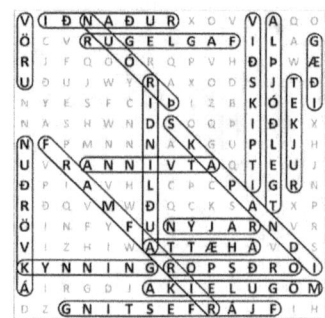

64 - Doença

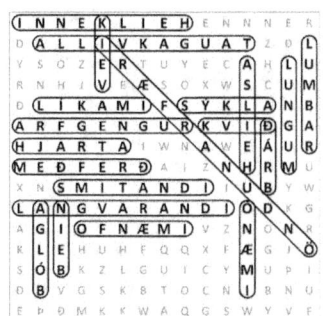

65 - Aquecimento Global

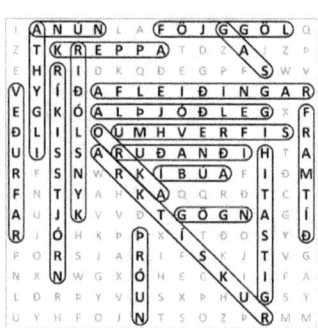

66 - Aviões

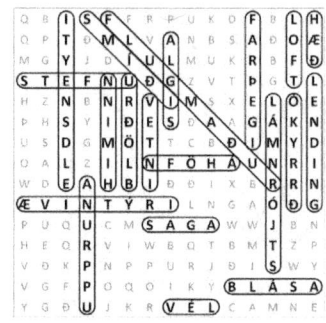

67 - Tipos de Cabelo

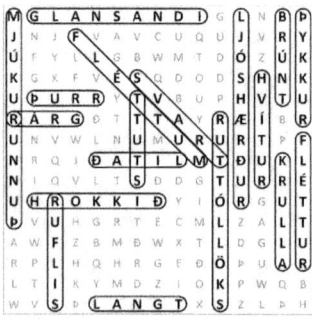

68 - Dias e Meses

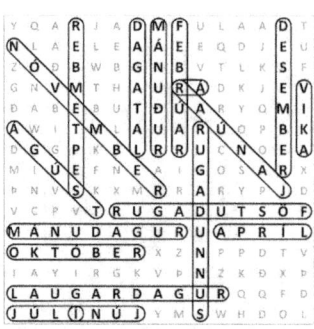

69 - Saúde e Bem Estar #2

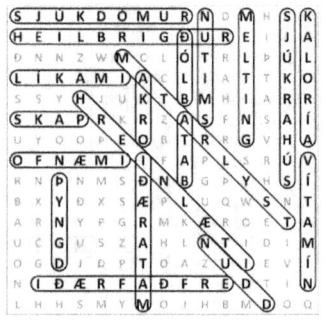

70 - Geografia

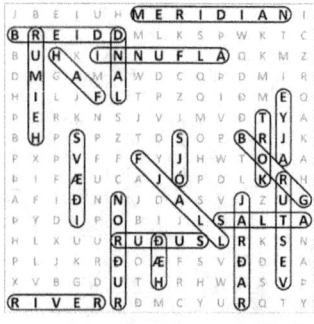

71 - Antártica

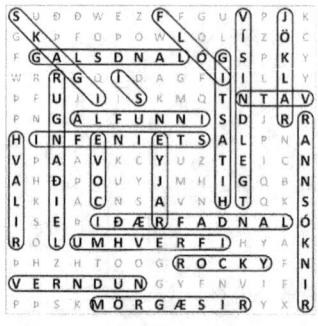

72 - Flores

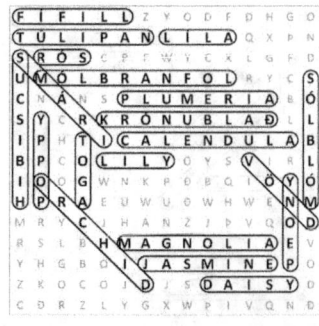

73 - Fazenda #1

74 - Livros

75 - Chocolate

76 - Governo

77 - Jardinagem

78 - Profissões #2

79 - Café

80 - Negócios

81 - Fazenda #2

82 - Jardim

83 - Oceano

84 - Profissões #1

85 - Força e Gravidade

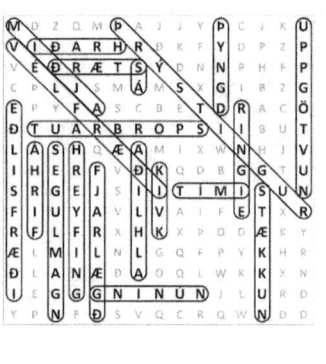

86 - Abelhas

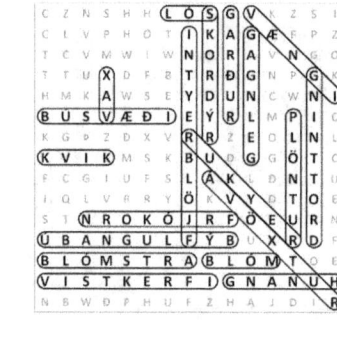

87 - Comida #1

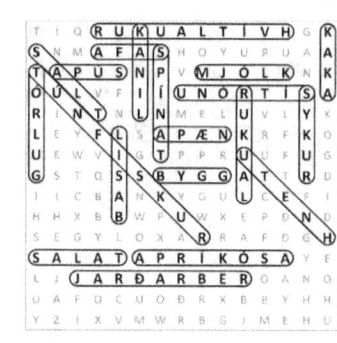

88 - Geometria

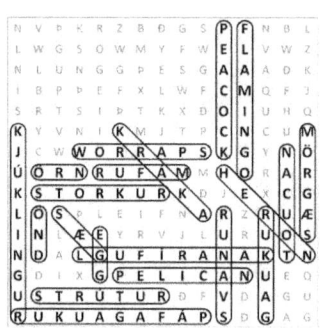

89 - Pássaros

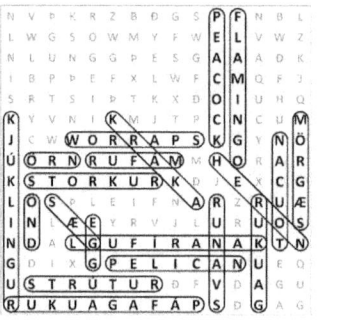

90 - Literatura

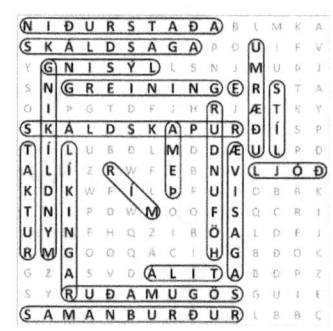

91 - Química

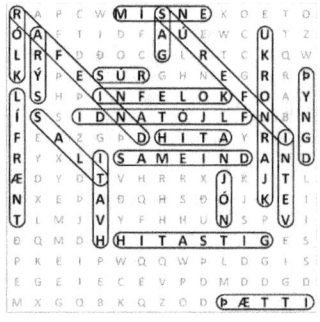

92 - Clima

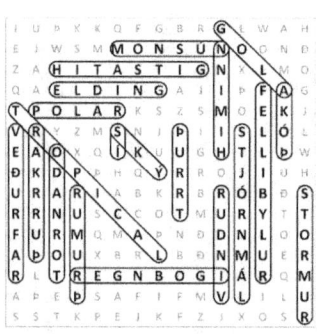

93 - Arte

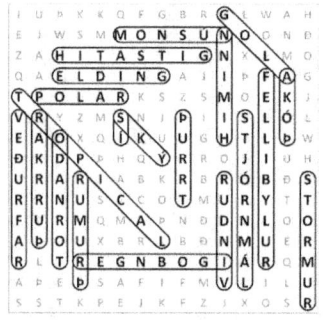

94 - Diplomacia

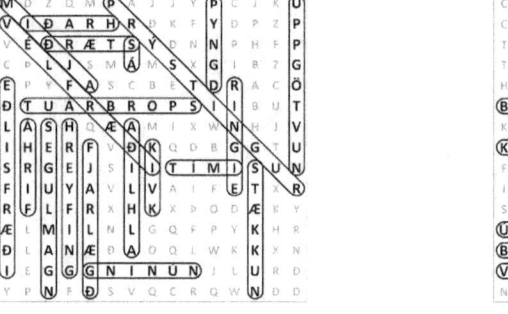

95 - Comida # 2

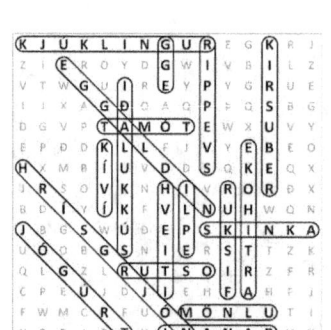

96 - Universo

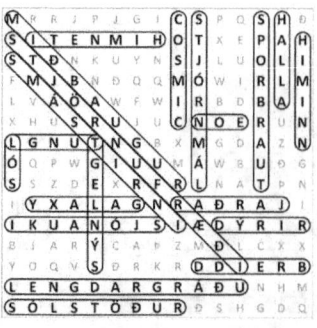

97 - Jazz

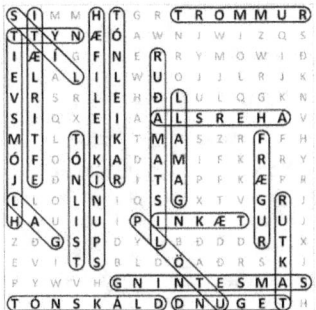

98 - Barcos

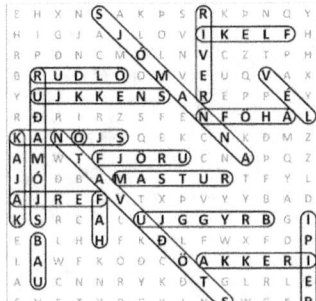

99 - Mamíferos

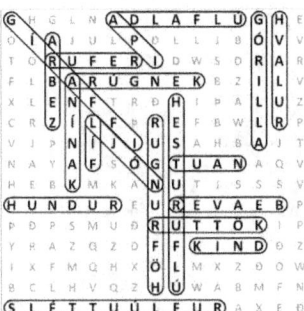

100 - Atividades e Lazer

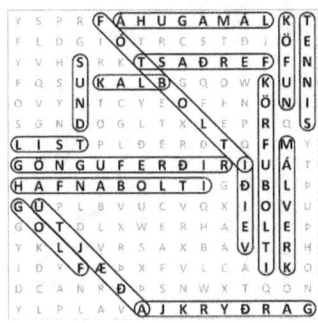

Dicionário

A Empresa
Fyrirtækið

Apresentação	Kynning
Criativo	Skapandi
Decisão	Ákvörðun
Emprego	Atvinna
Global	Alþjóðlegt
Indústria	Iðnaður
Inovador	Nýjar
Investimento	Fjárfesting
Negócio	Viðskipti
Possibilidade	Möguleika
Produto	Vöru
Profissional	Faglegur
Progresso	Framfarir
Qualidade	Gæði
Receita	Tekjur
Recursos	Auðlindir
Reputação	Orðspor
Riscos	Áhætta
Tendências	Þróun
Unidades	Einingar

A Mídia
Fjölmiðlarnir

Atitudes	Viðhorf
Comercial	Auglýsing
Comunicação	Samskipti
Digital	Stafræn
Edição	Útgáfa
Educação	Menntun
Fatos	Staðreyndir
Financiamento	Fjármögnun
Fotos	Myndir
Individual	Einstaklingur
Indústria	Iðnaður
Intelectual	Vitsmunalegum
Jornais	Dagblöð
Local	Staðbær
Online	Á Netinu
Opinião	Álit
Público	Opinber
Rádio	Útvarp
Rede	Net
Televisão	Sjónvarp

Abelhas
Býflugur

Asas	Vængi
Benéfico	Gagnleg
Cera	Vax
Colmeia	Býflugnabú
Diversidade	Fjölbreytni
Ecossistema	Vistkerfi
Enxame	Kvik
Flor	Blómstra
Flores	Blóm
Fruta	Ávöxtur
Fumaça	Reykur
Habitat	Búsvæði
Inseto	Skordýr
Jardim	Garður
Mel	Hunang
Plantas	Plöntur
Pólen	Frjókorn
Rainha	Drottning
Sol	Sól

Acampamento
Tjaldstæði

Animais	Dýr
Aventura	Ævintýri
Árvores	Tré
Bússola	Áttavita
Cabine	Klefa
Caça	Veiða
Canoa	Kanó
Chapéu	Hattur
Corda	Reipi
Equipamento	Búnaður
Floresta	Skógur
Fogo	Eldur
Inseto	Skordýr
Lago	Stöðuvatn
Lua	Tungl
Maca	Hengirúm
Mapa	Kort
Montanha	Fjall
Natureza	Náttúran
Tenda	Tjald

Adjetivos #1
Lýsingarorð #1

Absoluto	Alger
Aromático	Ilmandi
Artístico	Listrænn
Atraente	Aðlaðandi
Enorme	Gríðarstór
Escuro	Myrkur
Exótico	Framandi
Fino	Þunnur
Generoso	Örlátur
Grande	Stór
Honesto	Heiðarlegur
Idêntico	Sömu
Importante	Mikilvægt
Lento	Hægt
Misterioso	Dularfullur
Moderno	Nútíma
Perfeito	Fullkominn
Pesado	Þungt
Sério	Alvarlegt
Valioso	Dýrmætur

Adjetivos #2
Lýsingarorð #2

Autêntico	Ekta
Criativo	Skapandi
Descritivo	Lýsandi
Elegante	Glæsilegur
Famoso	Frægur
Forte	Sterkur
Grosso	Þykkur
Interessante	Áhugavert
Natural	Náttúrulegt
Normal	Eðlilegt
Novo	Nýtt
Orgulhoso	Stoltur
Produtivo	Afkastamikill
Puro	Hreint
Quente	Heitt
Responsável	Ábyrgur
Salgado	Saltur
Saudável	Heilbrigður
Seco	Þurr
Selvagem	Villt

Agronomia
Jarðfræði

Agricultura	Landbúnaður
Ambiente	Umhverfi
Água	Vatn
Ciência	Vísindi
Crescimento	Vöxtur
Doenças	Sjúkdóma
Ecologia	Vistfræði
Energia	Orka
Erosão	Rof
Fertilizante	Áburður
Legumes	Grænmeti
Orgânico	Lífrænt
Plantas	Plöntur
Poluição	Mengun
Produção	Framleiðsla
Rural	Sveit
Sementes	Fræ
Sistemas	Kerfi
Solo	Jarðvegur
Sustentável	Sjálfbær

Antártica
Suðurskautslandið

Ambiente	Umhverfi
Água	Vatn
Baía	Flói
Baleias	Hvalir
Científico	Vísindlegt
Conservação	Verndun
Continente	Álfunni
Enseada	Cove
Expedição	Leiðangur
Geleiras	Jöklar
Gelo	Ís
Geografia	Landafræði
Ilhas	Eyjar
Investigador	Rannsóknir
Minerais	Steinefni
Península	Skagi
Pinguins	Mörgæsir
Rochoso	Rocky
Temperatura	Hitastig
Topografia	Landslag

Antiguidades
Fornminjar

Arte	List
Autêntico	Ekta
Decorativo	Skreytingar
Elegante	Glæsilegur
Entusiasta	Áhugamaður
Escultura	Höggmynd
Estilo	Stíl
Galeria	Gallerí
Incomum	Óvenjulegt
Investimento	Fjárfesting
Item	Atriði
Leilão	Uppboð
Mobiliário	Húsgögn
Moedas	Mynt
Preço	Verð
Qualidade	Gæði
Restauração	Endurreisn
Século	Öld
Valor	Virði
Velho	Gamall

Aquecimento Global
Hnattræn Hlýnun

Agora	Núna
Ambiental	Umhverfis
Atenção	Athygli
Ártico	Arktískur
Cientista	Vísindamaður
Clima	Veðurfar
Consequências	Afleiðingar
Crise	Kreppa
Dados	Gögn
Desenvolvimento	Þróun
Energia	Orka
Futuro	Framtíð
Gás	Gas
Gerações	Kynslóðir
Governo	Ríkisstjórn
Indústria	Iðnaður
Internacional	Alþjóðleg
Legislação	Löggjöf
Populações	Íbúa
Temperaturas	Hitastig

Arqueologia
Fornleifafræði

Análise	Greining
Anos	Ár
Antiguidade	Fornöld
Avaliação	Mat
Civilização	Siðmenning
Descendente	Afkomandi
Desconhecido	Ópekkt
Equipe	Lið
Era	Tímum
Especialista	Sérfræðingur
Esquecido	Gleymt
Fragmentos	Brot
Investigador	Rannsóknir
Mistério	Ráðgáta
Objetos	Hluti
Ossos	Bein
Professor	Prófessor
Relíquia	Minni
Templo	Temple
Túmulo	Gröf

Arte
List

Cerâmica	Keramik
Complexo	Flókið
Composição	Samsetning
Escultura	Höggmynd
Expressão	Segð
Figura	Mynd
Honesto	Heiðarlegur
Humor	Skap
Inspirado	Innblástur
Original	Originlegt
Pessoal	Persónulegt
Pinturas	Málverk
Poesia	Ljóð
Retratar	Lýsa
Simples	Einfalt
Símbolo	Tákn
Sujeito	Efni
Surrealismo	Súrrealismi
Visual	Sjónræn

Artes Visuais
Myndlist

Argila	Leir
Arquitetura	Arkitektúr
Artista	Listamaður
Caneta	Penni
Cavalete	Glæsla
Cera	Vax
Cerâmica	Keramik
Composição	Samsetningu
Criatividade	Skráningu
Escultura	Höggmynd
Estêncil	L
Filme	Kvikmynd
Fotografia	Ljósmynd
Giz	Krít
Lápis	Blýantur
Obra-Prima	Meistaraverk
Perspectiva	Sjónarhorni
Pintura	Málverk
Retrato	Portret
Verniz	Lakk

Astronomia
Stjörnufræði

Asteróide	Smástirni
Astronauta	Geimfari
Celestial	Himneti
Céu	Himinn
Constelação	Stjörnumerki
Cosmos	Cosmos
Eclipse	Myrkvi
Equinócio	Equinox
Foguete	Eldflaug
Galáxia	Galaxy
Gravidade	Þyngdarafl
Lua	Tungl
Meteoro	Loftstein
Nebulosa	Þokka
Observatório	Observatory
Planeta	Reikistjarna
Radiação	Geislun
Solar	Sól
Terra	Jörð
Universo	Alheimur

Atividades e Lazer
Starfsemi og Tómstundir

Acampamento	Útjæða
Arte	List
Basquete	Körfubolti
Beisebol	Hafnabolti
Boxe	Hnefaleikar
Caminhada	Gönguferðir
Corrida	Kappakstur
Futebol	Fótbolti
Golfe	Golf
Hobbies	Áhugamál
Jardinagem	Garðyrkja
Mergulho	Köfun
Natação	Sund
Pesca	Veiði
Pintura	Málverk
Relaxante	Afslappandi
Tênis	Tennis
Viagem	Ferðast
Voleibol	Blak

Aventura
Ævintýri

Alegria	Gleði
Amigos	Vinir
Atividade	Virkni
Beleza	Fegurð
Chance	Líkur
Desafios	Áskoranir
Destino	Áfangastaður
Dificuldade	Vandi
Entusiasmo	Eldmóð
Excursão	Skoðunarferð
Incomum	Óvenjulegt
Itinerário	Ferðaáætlun
Natureza	Náttúran
Navegação	Siglingar
Novo	Nýtt
Oportunidade	Tækifæri
Perigoso	Hættulegt
Preparação	Undirbúningur
Segurança	Öryggi
Surpreendente	Á Óvart

Aviões
Flugvélar

Altura	Hæð
Ar	Loft
Aterrissagem	Lending
Atmosfera	Stjórnmál
Aventura	Ævintýri
Balão	Blöðru
Céu	Himinn
Combustível	Eldsneyti
Construção	Smíði
Descida	Uppruna
Direção	Stefnu
Hidrogênio	Vetni
História	Saga
Inflar	Blása
Motor	Vél
Navegar	Sigla
Passageiro	Farþegi
Piloto	Flugmaður
Tripulação	Áhöfn
Turbulência	Ókyrrð

Álgebra
Algebru

Diagrama	Skýringarmynd
Equação	Jafna
Expoente	Veldisvísir
Falso	Rangt
Fator	Þáttur
Fórmula	Formúla
Fração	Brot
Infinito	Óendanlega
Linear	Línuleg
Matriz	Fylki
Número	Númer
Parêntese	Sviga
Problema	Vandamál
Quantidade	Magn
Simplificar	Einfalda
Solução	Lausn
Soma	Summa
Subtração	Frádráttur
Variável	Breyta
Zero	Núll

Balé
Ballett

Aplauso	Lófaklapp
Artístico	Listrænn
Bailarina	Ballerína
Compositor	Tónskáld
Coreografia	Kóreógraf
Dançarinos	Dansarar
Ensaio	Æfing
Estilo	Stíl
Expressivo	Svipmikill
Gesto	Látbragð
Gracioso	Tignarlegt
Habilidade	Hæfni
Intensidade	Styrkleiki
Músculos	Vöðva
Música	Tónlist
Orquestra	Hljómsveit
Público	Áhorfendur
Ritmo	Taktur
Solo	Sóló
Técnica	Tækni

Barcos
Bátar

Âncora	Akkeri
Balsa	Ferja
Bóia	Bau
Caiaque	Kajak
Canoa	Kanó
Corda	Reipi
Doca	Bryggju
Iate	Snekkju
Jangada	Fleki
Lago	Stöðuvatn
Mar	Sjó
Maré	Fjöru
Marinheiro	Sjómaður
Mastro	Mastur
Motor	Vél
Náutico	Sjómanna
Oceano	Haf
Ondas	Öldur
Rio	River
Tripulação	Áhöfn

Beleza
Fegurð

Batom	Varalitur
Cachos	Krulla
Charme	Heilla
Cor	Litur
Cosméticos	Snyrtivörur
Elegante	Glæsilegur
Elegância	Glæsileiki
Espelho	Spegill
Estilista	Stílisti
Fotogênico	Ljósmyndin
Fragrância	Ilmur
Graça	Náð
Maquiagem	Farði
Óleos	Olíur
Pele	Húð
Produtos	Vörur
Rímel	Maskara
Serviços	Þjónusta
Tesoura	Skæri
Xampu	Sjampó

Biologia
Líffræði

Anatomia	Líffærafræði
Bactérias	Bakteríur
Célula	Fruma
Colagénio	Kollagen
Cromossoma	Litning
Embrião	Fræði
Enzima	Ensím
Evolução	Þróun
Fotossíntese	Ljóstillífun
Hormona	Hormón
Mamífero	Spendýr
Mutação	Stökkbreyting
Natural	Náttúrulegt
Nervo	Taug
Neurônio	Taugafruma
Osmose	Osmósu
Proteína	Prótín
Réptil	Skriðdýr
Simbiose	Sambýli
Sinapse	Synapse

Café
Kaffi

Açúcar	Sykur
Amargo	Bitur
Aroma	Ilmur
Assado	Brennt
Água	Vatn
Bebida	Drykkur
Cafeína	Koffín
Copa	Bolli
Creme	Rjóma
Filtro	Sía
Leite	Mjólk
Líquido	Fljótandi
Manhã	Morgunn
Moer	Mala
Origem	Uppruna
Preço	Verð
Preto	Svart
Sabor	Bragð
Variedade	Fjölbreytni

Caminhada
Gönguferðir

Acampamento	Útjæða
Animais	Dýr
Água	Vatn
Botas	Stígvél
Cansado	Þreyttur
Clima	Veðurfar
Guias	Leiðsögumenn
Mapa	Kort
Montanha	Fjall
Mosquitos	Moskítóflugur
Natureza	Náttúran
Orientação	Stefnumörkun
Parques	Garður
Pedras	Steinar
Penhasco	Bjarg
Pesado	Þungt
Preparação	Undirbúningur
Selvagem	Villt
Sol	Sól
Tempo	Veður

Casa
Húsið

Biblioteca	Bókasafn
Cerca	Girðing
Chaves	Lykla
Chuveiro	Sturtu
Cortinas	Gluggatjöld
Cozinha	Eldhús
Espelho	Spegill
Garagem	Bílskúr
Janela	Gluggi
Jardim	Garður
Lareira	Arinn
Mobiliário	Húsgögn
Parede	Vegg
Porta	Hurð
Quarto	Herbergi
Sótão	Háaloftinu
Tapete	Gólfmotta
Teto	Loft
Torneira	Brann
Vassoura	Kústur

Chocolate
Súkkulaði

Açúcar	Sykur
Amargo	Bitur
Amendoins	Hnetum
Antioxidante	Andoxunarefni
Aroma	Ilmur
Artesanal	Handverk
Cacau	Kakó
Calorias	Hitaeiningar
Caramelo	Karamella
Coco	Kókoshneta
Comer	Að Borða
Delicioso	Ljúffengur
Doce	Sætur
Exótico	Framandi
Favorito	Uppáhalds
Gosto	Bragð
Ingrediente	Efni
Pó	Duft
Qualidade	Gæði
Receita	Uppskrift

Churrascos
Grillveislur

Almoço	Hádegisverður
Convite	Boð
Crianças	Börn
Facas	Hnífa
Família	Fjölskylda
Fome	Hungur
Frango	Kjúklingur
Fruta	Ávöxtur
Grelha	Grill
Jantar	Kvöldmatur
Jogos	Leikir
Legumes	Grænmeti
Molho	Sósa
Música	Tónlist
Pimenta	Pipar
Quente	Heitt
Sal	Salt
Saladas	Salöt
Tomates	Tómatar
Verão	Sumar

Cidade
Bærinn

Aeroporto	Flugvöllur
Banco	Banki
Biblioteca	Bókasafn
Cinema	Kvikmyndahús
Escola	Skóli
Estádio	Völlinn
Farmácia	Apótek
Florista	Blómabúð
Galeria	Gallerí
Hotel	Hótel
Jardim Zoológico	Dýragarður
Livraria	Bókabúð
Loja	Verslun
Mercado	Markaður
Museu	Safn
Padaria	Bakarí
Salão	Snyrtistofa
Supermercado	Matvörubúð
Teatro	Leikhús
Universidade	Háskóli

Clima
Veður

Arco-Íris	Regnbogi
Atmosfera	Stjórnmál
Brisa	Gola
Céu	Himinn
Clima	Veðurfar
Furacão	Fellibylur
Gelo	Ís
Monção	Monsún
Nevoeiro	Þóka
Nuvem	Ský
Polar	Polar
Relâmpago	Elding
Seca	Þurrkar
Seco	Þurrt
Temperatura	Hitastig
Tempestade	Stormur
Tornado	Tornado
Tropical	Tropical
Trovão	Þrumur
Vento	Vindur

Comida # 2
Matur #2

Alcachofra	Artihoke
Amêndoa	Mönlu
Arroz	Hrísgrjón
Banana	Banani
Beringela	Eggaldin
Brócolis	Spergilkál
Cereja	Kirsuber
Chocolate	Súkkulaði
Cogumelo	Sveppir
Frango	Kjúklingur
Iogurte	Jógúrt
Kiwi	Kíví
Maçã	Epli
Ovo	Egg
Peixe	Fiskur
Presunto	Skinka
Queijo	Ostur
Tomate	Tómat
Trigo	Hveiti
Uva	Vínber

Comida #1
Matur #1

Português	Íslenska
Açúcar	Sykur
Alho	Hvítlaukur
Amendoim	Hnetu
Atum	Túnfiskur
Bolo	Kaka
Canela	Kanil
Cebola	Laukur
Cenoura	Gulrót
Cevada	Bygg
Damasco	Apríkósa
Espinafre	Spínat
Leite	Mjólk
Limão	Sítrónu
Manjericão	Basil
Morango	Jarðarber
Nabo	Næpa
Sal	Salt
Salada	Salat
Sopa	Súpa
Suco	Safa

Corpo Humano
Mannslíkaminn

Português	Íslenska
Boca	Munnur
Cabeça	Höfuð
Cérebro	Heili
Coração	Hjarta
Cotovelo	Olnboga
Dedo	Fingur
Joelho	Hné
Mandíbula	Kjálka
Mão	Hönd
Nariz	Nef
Olho	Auga
Ombro	Öxl
Orelha	Eyra
Pele	Húð
Perna	Fótur
Pescoço	Háls
Queixo	Höku
Sangue	Blóð
Testa	Enni
Tornozelo	Ökkla

Cozinha
Eldhús

Português	Íslenska
Avental	Svuntu
Chaleira	Ketill
Colheres	Skeiðar
Comer	Að Borða
Concha	Ausa
Cups	Bolla
Especiarias	Krydd
Esponja	Svampur
Facas	Hnífa
Forno	Ofn
Freezer	Frysti
Garfos	Forks
Geladeira	Ísskápur
Grelha	Grill
Guardanapo	Servíetta
Jar	Krukku
Jarro	Könnu
Pauzinhos	Pinnar
Receita	Uppskrift
Tigela	Skál

Dança
Dansa

Português	Íslenska
Academia	Háskóli
Alegre	Glaður
Arte	List
Clássico	Klassíska
Coreografia	Kóreógraf
Corpo	Líkami
Cultura	Menning
Cultural	Menningar
Emoção	Tilfinning
Ensaio	Æfing
Expressivo	Svipmikill
Graça	Náð
Movimento	Samtök
Música	Tónlist
Parceiro	Félagi
Ritmo	Taktur
Saltar	Hoppa
Tradicional	Hefðbundin
Visual	Sjónræn

Dias e Meses
Dagar og Mánuðir

Português	Íslenska
Abril	Apríl
Agosto	Ágúst
Ano	Ár
Calendário	Dagatal
Dezembro	Desember
Domingo	Sunnudagur
Fevereiro	Febrúar
Janeiro	Janúar
Julho	Júlí
Junho	Júní
Mês	Mánuður
Novembro	Nóvember
Outubro	Október
Quinta-Feira	Fimmtudagur
Sábado	Laugardagur
Segunda-Feira	Mánudagur
Semana	Vika
Setembro	September
Sexta-Feira	Föstudagur
Terça	Þriðjudagur

Diplomacia
Samningaviðræðum

Português	Íslenska
Cidadãos	Borgarar
Comunidade	Samfélag
Conflito	Átök
Consultor	Ráðgjafi
Cooperação	Samstarf
Diplomático	Diplomatic
Discussão	Umræða
Embaixada	Sendiráð
Embaixador	Sendiherra
Ética	Siðfræði
Governo	Ríkisstjórn
Humanitário	Mannræði
Integridade	Heilindi
Justiça	Réttlæti
Línguas	Tungumál
Política	Stjórnmál
Resolução	Ályktun
Segurança	Öryggi
Solução	Lausn
Tratado	Sáttmáli

Dirigindo
Akstur

Acidente	Slys
Carro	Bíll
Combustível	Eldsneyti
Cuidado	Varúð
Estrada	Vegur
Freios	Bremsur
Garagem	Bílskúr
Gás	Gas
Licença	Leyfi
Mapa	Kort
Motocicleta	Mótorhjól
Motor	Mótor
Pedestre	Gangandi
Perigo	Hætta
Polícia	Lögreglan
Rua	Gata
Segurança	Öryggi
Transporte	Samgöngur
Tráfego	Umferð
Túnel	Göng

Disciplinas Científicas
Vísindalegum Greinum

Anatomia	Líffærafræði
Astronomia	Stjörnufræði
Biologia	Líffræði
Bioquímica	Lífefnafræði
Botânica	Grasafræði
Cinesiologia	Hreyfifræði
Ecologia	Vistfræði
Fisiologia	Lífeðlisfræði
Geologia	Jarðfræði
Imunologia	Ónæmisfræði
Linguística	Málvísindi
Mecânica	Vélfræði
Meteorologia	Veðurfræði
Mineralogia	Steindafræði
Neurologia	Taugafræði
Psicologia	Sálfræði
Química	Efnafræði
Sociologia	Félagsfræði
Termodinâmica	Varmafræði
Zoologia	Dýrafræði

Doença
Sjúkdómurinn

Abdominal	Kvið
Agudo	Bráð
Alergias	Ofnæmi
Contagioso	Smitandi
Coração	Hjarta
Corpo	Líkami
Crônica	Langvarandi
Fraco	Veik
Hereditário	Arfgengur
Imunidade	Ónæmi
Inflamação	Bólga
Lombar	Lumbar
Neuropatia	Taugakvilla
Ossos	Bein
Patógenos	Sýkla
Pulmonar	Lungum
Respiratório	Öndunarfæri
Saúde	Heilsa
Síndrome	Heilkenni
Terapia	Meðferð

Ecologia
Vistfræði

Clima	Veðurfar
Comunidades	Samfélög
Diversidade	Fjölbreytni
Espécies	Tegund
Fauna	Dýralíf
Flora	Flora
Global	Alþjóðlegt
Habitat	Búsvæði
Marinho	Sjávar
Montanhas	Fjöll
Natural	Náttúrulegt
Natureza	Náttúran
Pântano	Marsh
Plantas	Plöntur
Recursos	Auðlindir
Seca	Þurrkar
Sobrevivência	Lifun
Sustentável	Sjálfbær
Vegetação	Gróður

Edifícios
Byggingar

Apartamento	Íbúð
Cabine	Klefa
Castelo	Kastali
Celeiro	Hlöðu
Cinema	Kvikmyndahús
Embaixada	Sendiráð
Escola	Skóli
Estádio	Völlinn
Fazenda	Bær
Fábrica	Verksmiðju
Garagem	Bílskúr
Hospital	Sjúkrahús
Hotel	Hótel
Museu	Safn
Observatório	Observatory
Supermercado	Matvörubúð
Teatro	Leikhús
Tenda	Tjald
Torre	Turn
Universidade	Háskóli

Emoções
Tilfinningar

Alegria	Gleði
Amor	Ást
Animado	Spennt
Bem-Aventurança	Sæla
Bondade	Góðvild
Calmo	Logn
Conteúdo	Efni
Envergonhado	Vandræðalegur
Grato	Þakklátur
Medo	Ótti
Paz	Friður
Raiva	Reiði
Relaxado	Afslappaður
Satisfeito	Fullnægt
Simpatia	Samúð
Ternura	Eymsli
Tédio	Leiðindi
Tranquilidade	Ró
Tristeza	Sorg

Energia
Orka

Ambiente	Umhverfi
Bateria	Rafhlaða
Calor	Hita
Carbono	Kolefni
Combustível	Eldsneyti
Diesel	Dísel
Elétrico	Rafmagns
Elétron	Rafeind
Entropia	Óreiða
Fóton	Ljóseind
Gasolina	Bensín
Hidrogênio	Vetni
Indústria	Iðnaður
Motor	Mótor
Nuclear	Kjarnorku
Poluição	Mengun
Renovável	Endurnýjanleg
Sol	Sól
Turbina	Túrbína
Vento	Vindur

Engenharia
Verkfræði

Atrito	Núning
Ângulo	Horn
Cálculo	Útreikning
Construção	Smíði
Diagrama	Skýringarmynd
Diâmetro	Þvermál
Diesel	Dísel
Dimensões	Mál
Distribuição	Dreifing
Eixo	Ás
Energia	Orka
Estabilidade	Stöðugleiki
Estrutura	Bygging
Força	Styrkur
Líquido	Fljótandi
Máquina	Vél
Medição	Mæling
Motor	Mótor
Profundidade	Dýpt
Propulsão	Knýja

Especiarias
Krydd

Açafrão	Saffran
Alcaçuz	Lakkrís
Alho	Hvítlaukur
Amargo	Bitur
Anis	Anís
Azedo	Súr
Baunilha	Vanillu
Canela	Kanil
Cardamomo	Kardemommu
Caril	Karrý
Cebola	Laukur
Coentro	Kóríander
Cominho	Kúmen
Doce	Sætur
Funcho	Fennel
Gengibre	Engifer
Noz-Moscada	Múskat
Pimenta	Pipar
Sabor	Bragð
Sal	Salt

Esporte
Íþrótt

Atleta	Íþróttamaður
Capacidade	Getu
Cardiovascular	Hjarta
Ciclismo	Hjóla
Corpo	Líkami
Dançando	Dansa
Dieta	Mataræði
Esportes	Íþróttir
Força	Styrkur
Jogging	Skokk
Maximizar	Hámarka
Metabólico	Efnaskipti
Músculos	Vöðva
Nutrição	Næring
Objetivo	Markmið
Ossos	Bein
Programa	Forrit
Resistência	Þrek
Saúde	Heilsa
Treinador	Þjálfari

Ética
Siðfræði

Altruísmo	Fórnfýsi
Bondade	Góðvild
Compaixão	Samúð
Cooperação	Samstarf
Dignidade	Reisn
Diplomático	Diplomatic
Filosofia	Heimspeki
Honestidade	Heiðarleiki
Humanidade	Mannkynið
Integridade	Heilindi
Otimismo	Bjartsýni
Paciência	Þolinmæði
Racionalidade	Skynsemi
Razoável	Sanngjarnt
Realismo	Raunsæi
Respeitoso	Virðingu
Sabedoria	Viski
Tolerância	Umburðarlyndi
Valores	Gildi

Família
Fjölskylda

Antepassado	Forfaðir
Avó	Amma
Avô	Afi
Criança	Barn
Crianças	Börn
Esposa	Eiginkona
Filha	Dóttir
Gêmeos	Tvíburar
Infância	Barnæska
Irmã	Systir
Irmão	Bróðir
Marido	Eiginmaður
Materno	Móður
Mãe	Móðir
Neto	Barnabarn
Pai	Faðir
Paterno	Ingar
Sobrinho	Frændi
Tia	Frænka
Tio	Frændi

Fazenda #1
Bær #1

Abelha	Bí
Agricultura	Landbúnaður
Arroz	Hrísgrjón
Água	Vatn
Bezerro	Kálfur
Burro	Asni
Cabra	Geit
Campo	Engi
Cavalo	Hestur
Cão	Hundur
Cerca	Girðing
Corvo	Kráka
Feno	Hey
Fertilizante	Áburður
Frango	Kjúklingur
Gato	Köttur
Mel	Hunang
Porco	Svín
Rebanho	Flokkur
Vaca	Kýr

Fazenda #2
Bær #2

Agricultor	Bóndi
Animais	Dýr
Celeiro	Hlöðu
Cevada	Bygg
Colmeia	Býflugnabú
Cordeiro	Lamb
Fruta	Ávöxtur
Irrigação	Áveitu
Leite	Mjólk
Lhama	Lamadýr
Maduro	Þroskaður
Milho	Korn
Ovelha	Kind
Pastor	Hirðir
Pato	Önd
Pomar	Aldingarður
Prado	Engi
Trator	Dráttarvél
Trigo	Hveiti
Vegetal	Grænmeti

Ficção Científica
Vísindaskáldskapur

Atómico	Lotukerfinu
Cinema	Kvikmyndahús
Distante	Fjarlæg
Distopia	Dystópía
Explosão	Sprenging
Extremo	Extreme
Fantástico	Frábær
Fogo	Eldur
Galáxia	Galaxy
Ilusão	Blekking
Imaginário	Ímyndað
Livros	Bækur
Misterioso	Dularfullur
Mundo	Heimur
Oráculo	Véfrétt
Planeta	Reikistjarna
Realista	Raunhæft
Robôs	Vélmenni
Tecnologia	Tækni
Utopia	Útópía

Filantropia
Góðgerðarstarfsemi

Comunidade	Samfélag
Contatos	Tengiliði
Crianças	Börn
Desafios	Áskoranir
Doar	Gefa
Finança	Fjármál
Fundos	Fé
Generosidade	Örlæti
Global	Alþjóðlegt
Grupos	Hópa
História	Saga
Honestidade	Heiðarleiki
Humanidade	Mannkynið
Juventude	Æsku
Missão	Verkefni
Necessidade	Þörf
Objetivos	Markmið
Pessoas	Fólk
Programas	Forrit
Público	Opinber

Física
Eðlisfræði

Aceleração	Hröðun
Átomo	Atóm
Caos	Roða
Densidade	Þéttleiki
Elétron	Rafeind
Fórmula	Formúla
Frequência	Tíðni
Gás	Gas
Gravidade	Þyngdarafl
Magnetismo	Segulmagn
Massa	Messi
Mecânica	Vélfræði
Molécula	Sameind
Motor	Vél
Nuclear	Kjarnorku
Partícula	Ögn
Químico	Efni
Relatividade	Afstæði
Universal	Alhliða
Velocidade	Hraða

Flores
Blóm

Buquê	Vönd
Calêndula	Calendula
Dente-De-Leão	Fífill
Gardênia	Toga
Girassol	Sólblóm
Hibisco	Hibiscus
Jasmim	Jasmine
Lavanda	Lofnarblóm
Lilás	Líla
Lírio	Lily
Magnólia	Magnolia
Margarida	Daisy
Orquídea	Orchid
Papoula	Poppy
Peônia	Peony
Pétala	Krónublað
Plumeria	Plumeria
Rosa	Rós
Trevo	Smári
Tulipa	Túlipan

Floresta Tropical
Regnskógur

Anfíbios	Froskdýr
Botânico	Botanical
Clima	Veðurfar
Comunidade	Samfélag
Diversidade	Fjölbreytni
Espécies	Tegund
Indígena	Frumbyggja
Insetos	Skordýr
Mamíferos	Spendýr
Musgo	Moss
Natureza	Náttúran
Nuvens	Ský
Pássaros	Fuglar
Preservação	Varðveislu
Refúgio	Athvarf
Respeito	Virðing
Restauração	Endurreisn
Selva	Frumskógur
Sobrevivência	Lifun
Valioso	Dýrmætur

Força e Gravidade
Kraftur og Þyngdarafl

Atrito	Núning
Centro	Miðja
Descoberta	Uppgötvun
Dinâmico	Kvik
Distância	Fjarlægð
Eixo	Ás
Expansão	Stækkun
Física	Eðlisfræði
Impacto	Áhrif
Magnetismo	Segulmagn
Magnitude	Stærð
Mecânica	Vélfræði
Movimento	Hreyfing
Órbita	Sporbraut
Peso	Þyngd
Pressão	Þrýstingur
Propriedades	Eignir
Rapidez	Hraði
Tempo	Tími
Universal	Alhliða

Frutas
Ávextir

Abacate	Avókadó
Abacaxi	Ananas
Amora	Brómber
Baga	Ber
Banana	Banani
Cereja	Kirsuber
Coco	Kókoshneta
Damasco	Apríkósa
Figo	Mynd
Framboesa	Hindberjum
Kiwi	Kíví
Laranja	Appelsína
Limão	Sítrónu
Maçã	Epli
Mamão	Papaya
Manga	Mangó
Nectarina	Nectarine
Pera	Pera
Pêssego	Ferskja
Uva	Vínber

Geografia
Landafræði

Altitude	Hæð
Atlas	Atlas
Cidade	Borg
Continente	Álfunni
Hemisfério	Jarðar
Ilha	Eyja
Latitude	Breidd
Mapa	Kort
Mar	Sjó
Meridiano	Meridian
Montanha	Fjall
Mundo	Heimur
Norte	Norður
Oceano	Haf
Oeste	Vestur
País	Land
Região	Svæði
Rio	River
Sul	Suður
Território	Yfirráðasvæði

Geologia
Jarðfræði

Ácido	Sýra
Camada	Lag
Caverna	Helli
Cálcio	Kalsíum
Ciclos	Hringrás
Continente	Álfunni
Coral	Kórall
Cristais	Kristallar
Erosão	Rof
Estalactite	Stalactite
Estalagmites	Stalagmites
Lava	Hraun
Minerais	Steinefni
Pedra	Steinn
Platô	Hálendi
Quartzo	Kvars
Sal	Salt
Terremoto	Jarðskjálfti
Vulcão	Eldfjall
Zona	Svæði

Geometria
Rúmfræði

Altura	Hæð
Ângulo	Horn
Cálculo	Útreikning
Círculo	Hring
Curva	Ferill
Diâmetro	Þvermál
Dimensão	Vídd
Equação	Jafna
Horizontal	Lárétt
Lógica	Rökfræði
Massa	Messi
Mediana	Miðgildi
Paralelo	Samhliða
Proporção	Hlutfall
Segmento	Hluti
Simetria	Samhverfu
Superfície	Yfirborð
Teoria	Kenning
Triângulo	Þríhyrningur
Vertical	Lóðrétt

Governo
Ríkisstjórn

Civil	Borgaraleg
Constituição	Stjórnarskrá
Democracia	Lýðræði
Discurso	Ræðu
Discussão	Umræða
Distrito	Umdæmi
Estado	Ríki
Igualdade	Jafnrétti
Independência	Sjálfstæði
Judicial	Dóms
Justiça	Réttlæti
Lei	Lög
Liberdade	Frelsi
Líder	Leiðtogi
Monumento	Minnismerki
Nacional	Þjóðlegur
Nação	Þjóð
Pacífico	Friðsælt
Política	Stjórnmál
Símbolo	Tákn

Herbalismo
Grasalækningar

Açafrão	Saffran
Alecrim	Rósmarín
Alho	Hvítlaukur
Aromático	Ilmandi
Benéfico	Gagnleg
Coentro	Kóríander
Estragão	Estragon
Flor	Blóm
Funcho	Fennel
Ingrediente	Efni
Jardim	Garður
Lavanda	Lofnarblóm
Manjericão	Basil
Manjerona	Marjoram
Planta	Planta
Qualidade	Gæði
Sabor	Bragð
Salsa	Steinselja
Tomilho	Timjan
Verde	Grænt

Instrumentos Musicais
Hljóðfæri

Bandolim	Mandólín
Banjo	Banjó
Clarinete	Klarinett
Fagote	Fagott
Flauta	Flautu
Gaita	Munnhörpu
Gongo	Gong
Harpa	Harpa
Marimba	Marimba
Oboé	Óbó
Pandeiro	Bumbur
Percussão	Slagverk
Piano	Píanó
Saxofone	Saxófón
Tambor	Tromma
Trombone	Básúna
Trompete	Trompet
Violão	Gítar
Violino	Fiðlu
Violoncelo	Selló

Jardim
Garðinum

Ancinho	Hrífa
Arbusto	Bush
Árvore	Tré
Banco	Bekkur
Cerca	Girðing
Ervas Daninhas	Illgresi
Flor	Blóm
Garagem	Bílskúr
Grama	Gras
Gramado	Grasflöt
Jardim	Garður
Lagoa	Tjörn
Maca	Hengirúm
Mangueira	Slönguna
Pá	Moka
Pomar	Aldingarður
Solo	Jarðvegur
Terraço	Verönd
Trampolim	Trampólín
Videira	Vínviður

Jardinagem
Garðyrkja

Água	Vatn
Botânico	Botanical
Buquê	Vönd
Clima	Veðurfar
Comestível	Ætur
Composto	Molta
Espécies	Tegund
Exótico	Framandi
Flor	Blómstra
Floral	Blóma
Folha	Lauf
Folhagem	Sm
Mangueira	Slönguna
Pomar	Aldingarður
Recipiente	Ílát
Sazonal	Opin
Sementes	Fræ
Solo	Jarðvegur
Sujeira	Óhreinindi
Umidade	Raki

Jazz
Djass

Artista	Listamaður
Álbum	Plötu
Bateria	Trommur
Canção	Lag
Composição	Samsetning
Compositor	Tónskáld
Concerto	Tónleikar
Estilo	Stíl
Ênfase	Áhersla
Famoso	Frægur
Favoritos	Eftirlæti
Gênero	Tegund
Improvisação	Spuni
Música	Tónlist
Novo	Nýtt
Orquestra	Hljómsveit
Ritmo	Taktur
Talento	Hæfileiki
Técnica	Tækni
Velho	Gamall

Literatura
Bókmenntir

Analogia	Líkingar
Análise	Greining
Anedota	E.
Autor	Höfundur
Biografia	Ævisaga
Comparação	Samanburður
Conclusão	Niðurstaða
Descrição	Lýsing
Diálogo	Umræðu
Estilo	Stíl
Ficção	Skáldskapur
Metáfora	Myndlíking
Narrador	Sögumaður
Opinião	Álit
Poema	Ljóð
Rima	Rím
Ritmo	Taktur
Romance	Skáldsaga
Tema	Þema
Tragédia	Harmleikur

Livros
Bækur

Autor	Höfundur
Aventura	Ævintýri
Coleção	Safn
Contexto	Samhengi
Dualidade	Tvíeðli
Escrito	Skrifað
Épico	Epic
História	Saga
Histórico	Sögulegt
Inventivo	Frumleg
Leitor	Lesandi
Literário	Bókmennta
Narrador	Sögumaður
Palavras	Orð
Página	Síða
Poesia	Ljóð
Relevante	Viðeigandi
Romance	Skáldsaga
Série	Röð
Trágico	Hörmulega

Mamíferos
Spendýr

Baleia	Hvalur
Camelo	Úlfalda
Canguru	Kengúra
Castor	Beaver
Cavalo	Hestur
Cão	Hundur
Coelho	Kanína
Coiote	Sléttuúlfur
Elefante	Fíl
Gato	Köttur
Girafa	Gíraffi
Golfinho	Höfrungur
Gorila	Górilla
Leão	Ljón
Lobo	Úlfur
Macaco	Api
Ovelha	Kind
Raposa	Refur
Touro	Naut
Zebra	Zebra

Matemática
Stærðfræði

Aritmética	Tölur
Ângulos	Horn
Circunferência	Ummál
Decimal	Aukastaf
Diâmetro	Þvermál
Equação	Jafna
Expoente	Veldisvísir
Fração	Brot
Geometria	Rúmfræði
Paralelo	Samhliða
Paralelogramo	Hjálíðalogram
Perímetro	Jaðar
Polígono	Marghyrning
Quadrado	Ferningur
Raio	Radíus
Retângulo	Rétthyrningur
Simetria	Samhverfu
Soma	Summa
Triângulo	Þríhyrningur
Volume	Bindi

Material de Arte
List Vistir

Acrílico	Akrýl
Apagador	Strokleður
Aquarelas	Vatnslitir
Argila	Leir
Água	Vatn
Cadeira	Stól
Carvão	Kol
Cavalete	Glæsla
Câmera	Myndavél
Cola	Lím
Cores	Liti
Criatividade	Sköpun
Escovas	Burstar
Lápis	Blýantar
Mesa	Borð
Óleo	Olía
Papel	Pappír
Pastels	Pastellitir
Tinta	Blek
Tintas	Málningu

Medições
Mælingar

Altura	Hæð
Byte	Bæti
Centímetro	Sentimetr
Comprimento	Lengd
Decimal	Aukastaf
Grama	Gramm
Grau	Gráða
Largura	Breidd
Litro	Lítri
Massa	Messi
Metro	Mælir
Minuto	Mínúta
Onça	Únsa
Peso	Þyngd
Polegada	Tommu
Profundidade	Dýpt
Quilograma	Kíló
Quilômetro	Kílómetra
Tonelada	Tonn
Volume	Bindi

Meditação
Hugleiðsla

Aceitação	Samþykki
Acordado	Vakandi
Atenção	Athygli
Bondade	Góðvild
Clareza	Skýrleiki
Compaixão	Samúð
Emoções	Tilfinningar
Ensinamentos	Kenningar
Gratidão	Þakklæti
Hábitos	Venja
Mental	Andlegt
Mente	Huga
Movimento	Samtök
Música	Tónlist
Natureza	Náttúran
Observação	Athugun
Paz	Friður
Pensamentos	Hugsanir
Perspectiva	Sjónarhorni
Silêncio	Þögn

Mitologia
Goðafræði

Arquétipo	Arketype
Ciúmes	Öfund
Comportamento	Hegðun
Criação	Sköpun
Criatura	Skepna
Cultura	Menning
Desastre	Hörmung
Força	Styrkur
Guerreiro	Stríðsmaður
Herói	Hetja
Imortalidade	Ódauðleika
Labirinto	Völundarhús
Lenda	Þjóðsaga
Mágico	Töfrandi
Monstro	Skrímsli
Mortal	Dauðleg
Relâmpago	Elding
Triunfante	Sigursæll
Trovão	Þrumur
Vingança	Hefnd

Moda
Tíska

Acessível	Hagkvæm
Bordado	Útsaumur
Botões	Hnappa
Boutique	Boutique
Caro	Dýr
Confortável	Þægilegt
Elegante	Glæsilegur
Estilo	Stíl
Medidas	Mælingar
Minimalista	Lægstur
Moderno	Nútíma
Modesto	Hógvær
Original	Originlegt
Prático	Hagnýt
Renda	Reima
Roupa	Fatnað
Simples	Einfalt
Tecido	Efni
Tendência	Stefna
Textura	Áferð

Música
Tónlist

Álbum	Plötu
Balada	Ballaða
Cantar	Syngja
Cantor	Söngvari
Clássico	Klassíska
Coro	Kór
Gravação	Upptaka
Harmonia	Sátt
Harmônico	Samhljómur
Improvisar	Spinna
Instrumento	Hljóðfæri
Melodia	Lag
Microfone	Hljóðnemi
Musical	Söngleikur
Ópera	Ópera
Poético	Ljóðræn
Ritmo	Taktur
Rítmico	Takt
Vocal	Söngvara

Natureza
Náttúran

Abelhas	Býflugur
Abrigo	Skjól
Animais	Dýr
Ártico	Arktískur
Beleza	Fegurð
Deserto	Eyðimörk
Dinâmico	Kvik
Erosão	Rof
Floresta	Skógur
Folhagem	Sm
Geleira	Jökull
Nevoeiro	Þoka
Nuvens	Ský
Pacífico	Friðsælt
Rio	River
Santuário	Helgidómur
Selvagem	Villt
Sereno	Serene
Tropical	Tropical
Vital	Líflegt

Negócios
Viðskipti

Carreira	Feril
Custo	Kostnaður
Desconto	Afsláttur
Dinheiro	Peningar
Economia	Hagfræði
Empregado	Starfsmaður
Empregador	Vinnuveitandi
Empresa	Fyrirtæki
Escritório	Skrifstofa
Fábrica	Verksmiðju
Finança	Fjármál
Impostos	Skattar
Investimento	Fjárfesting
Loja	Búð
Lucro	Hagnaður
Mercadoria	Varningi
Moeda	Mynt
Rendimento	Tekjur
Transação	Viðskipti
Venda	Sölu

Nutrição
Næringu

Amargo	Bitur
Apetite	Matarlyst
Calorias	Hitaeiningar
Carboidratos	Kolvetni
Comestível	Ætur
Dieta	Mataræði
Digestão	Melting
Equilibrado	Rólegur
Fermentação	Gerjun
Líquidos	Vökva
Molho	Sósa
Nutriente	Næringarefni
Peso	Þyngd
Proteínas	Prótein
Qualidade	Gæði
Sabor	Bragð
Saudável	Heilbrigður
Saúde	Heilsa
Toxina	Eiturefni
Vitamina	Vítamín

Números
Tölur

Cinco	Fimm
Decimal	Aukastaf
Dez	Tíu
Dezesseis	Sextán
Dezessete	Sautján
Dezoito	Átján
Dois	Tveir
Doze	Tólf
Nove	Níu
Oito	Átta
Quatorze	Fjórtán
Quatro	Fjórir
Quinze	Fimmtán
Seis	Sex
Sete	Sjö
Treze	Þrettán
Três	Þrír
Um	Einn
Vinte	Tuttugu
Zero	Núll

Oceano
Haf

Alga	Þörunga
Atum	Túnfiskur
Baleia	Hvalur
Barco	Bátur
Camarão	Rækja
Caranguejo	Krabbi
Coral	Kórall
Enguia	Áll
Esponja	Svampur
Golfinho	Höfrungur
Marés	Sjávarföll
Medusa	Marglytta
Ostra	Ostra
Peixe	Fiskur
Polvo	Kolkrabbi
Recife	Rif
Sal	Salt
Tartaruga	Skjaldbaka
Tempestade	Stormur
Tubarão	Hákarl

Paisagens
Landslag

Cascata	Foss
Caverna	Helli
Colina	Hæð
Deserto	Eyðimörk
Geleira	Jökull
Golfo	Flói
Iceberg	Ísberg
Ilha	Eyja
Lago	Stöðuvatn
Mar	Sjó
Montanha	Fjall
Oásis	Vin
Oceano	Haf
Pântano	Mýri
Península	Skagi
Praia	Fjara
Rio	River
Tundra	Tundra
Vale	Dalur
Vulcão	Eldfjall

Países #1
Löndum #1

Alemanha	Þýskaland
Brasil	Brasilía
Camboja	Kambódía
Canadá	Kanada
Egito	Egyptaland
Equador	Ekvador
Espanha	Spánn
Finlândia	Finnland
Iraque	Írak
Israel	Ísrael
Itália	Ítalía
Índia	Indland
Mali	Malí
Marrocos	Marokkó
Nicarágua	Níkaragva
Noruega	Noregur
Panamá	Panama
Polônia	Pólland
Senegal	Senegal
Venezuela	Venesúela

Países #2
Löndum #2

Albânia	Albanía
Dinamarca	Danmörk
França	Frakkland
Grécia	Grikkland
Haiti	Haítí
Indonésia	Indónesía
Irlanda	Írland
Jamaica	Jamaíka
Japão	Japan
Laos	Laos
Líbano	Líbanon
México	Mexíkó
Nepal	Nepal
Nigéria	Nígería
Paquistão	Pakistan
Rússia	Rússland
Síria	Sýrland
Somália	Sómalía
Ucrânia	Úkraína
Uganda	Úganda

Pássaros
Fuglar

Avestruz	Strútur
Águia	Örn
Canário	Kanarífugl
Cegonha	Storkur
Cisne	Svanur
Corvo	Kráka
Cuco	Gaukur
Flamingo	Flamingo
Frango	Kjúklingur
Gaivota	Máfur
Ganso	Gæs
Garça	Heron
Ovo	Egg
Papagaio	Páfagaukur
Pardal	Sparrow
Pato	Önd
Pavão	Peacock
Pelicano	Pelican
Pinguim	Mörgæs
Tucano	Toucan

Pesca
Veiðar

Água	Vatn
Barbatanas	Uggar
Barco	Bátur
Brânquias	Tálkn
Cesta	Karfa
Cozinhar	Elda
Equipamento	Búnaður
Exagero	Ýkjur
Fio	Vír
Gancho	Krókur
Isca	Beita
Lago	Stöðuvatn
Mandíbula	Kjálka
Oceano	Haf
Paciência	Þolinmæði
Peso	Þyngd
Praia	Fjara
Rio	River
Temporada	Árstíð

Plantas
Plöntur

Arbusto	Bush
Árvore	Tré
Baga	Ber
Bambu	Bambus
Botânica	Grasafræði
Cacto	Kaktus
Erva	Jurt
Feijão	Baun
Fertilizante	Áburður
Flor	Blóm
Flora	Flora
Floresta	Skógur
Folhagem	Sm
Grama	Gras
Hera	Ivy
Jardim	Garður
Musgo	Moss
Pétala	Krónublað
Raiz	Rót
Vegetação	Gróður

Profissões #1
Störfum #1

Advogado	Lögmaður
Alfaiate	Klæðskeri
Artista	Listamaður
Atleta	Íþróttamaður
Banqueiro	Bankastjóri
Caçador	Veiðimaður
Cientista	Vísindamaður
Contador	Endurskoðandi
Dançarino	Dansari
Doutor	Læknir
Editor	Ritstjóri
Embaixador	Sendiherra
Geólogo	Jarðfræðingur
Joalheiro	Skartgripir
Marinheiro	Sjómaður
Mecânico	Vélvirki
Pianista	Píanóleikari
Psicólogo	Sálfræðingur
Treinador	Þjálfari
Veterinário	Dýralæknir

Profissões #2
Störfum #2

Agricultor	Bóndi
Astronauta	Geimfari
Biólogo	Líffræðingur
Cirurgião	Skurðlæknir
Dentista	Tannlækni
Detetive	Einkaspæjara
Editor	Útgefandi
Engenheiro	Verkfræðingur
Filósofo	Heimspekingur
Fotógrafo	Ljósmyndari
Ilustrador	Teiknari
Investigador	Rannsóknir
Jornalista	Blaðamaður
Médico	Lækni
Piloto	Flugmaður
Pintor	Málari
Professor	Kennari
Químico	Efnafræðingur
Zoólogo	Dýrafræðingur

Química
Efnafræði

Alcalino	Súr
Ácido	Sýra
Calor	Hita
Carbono	Kolefni
Catalisador	Hvati
Cloro	Klór
Elementos	Þætti
Elétron	Rafeind
Enzima	Ensím
Gás	Gas
Hidrogênio	Vetni
Íon	Jón
Líquido	Fljótandi
Molécula	Sameind
Nuclear	Kjarnorku
Orgânico	Lífrænt
Oxigénio	Súrefni
Peso	Þyngd
Sal	Salt
Temperatura	Hitastig

Restaurante # 2
Veitingastaður #2

Almoço	Hádegisverður
Aperitivo	Forréttur
Água	Vatn
Bebida	Drykkur
Bolo	Kaka
Cadeira	Stól
Colher	Skeið
Delicioso	Ljúffengur
Especiarias	Krydd
Fruta	Ávöxtur
Garçom	Þjónn
Garfo	Gaffal
Gelo	Ís
Jantar	Kvöldmatur
Legumes	Grænmeti
Macarrão	Núðlur
Peixe	Fiskur
Sal	Salt
Salada	Salat
Sopa	Súpa

Roupas
Fötin

Avental	Svuntu
Blusa	Blússa
Calça	Buxur
Camisa	Skyrta
Casaco	Kápu
Chapéu	Hattur
Cinto	Belti
Colar	Hálsmen
Jaqueta	Jakki
Jeans	Gallabuxur
Luvas	Hanska
Meias	Sokkar
Moda	Tíska
Pijama	Náttföt
Pulseira	Armband
Saia	Pils
Sandálias	Skó
Sapato	Skór
Suéter	Peysa
Vestido	Kjóll

Saúde e Bem-Estar #1
Heilsufar og Vellíðan #1

Alongamento	Teygja
Altura	Hæð
Ativo	Virkur
Bactérias	Bakteríur
Doutor	Læknir
Farmácia	Apótek
Fome	Hungur
Fratura	Beinbrot
Hábito	Venja
Hormones	Hormón
Medicina	Lyf
Músculos	Vöðva
Nervos	Taugar
Ossos	Bein
Pele	Húð
Reflexo	Viðbragð
Relaxamento	Slökun
Suplementos	Fæðubótarefni
Tratamento	Meðferð
Vírus	Veira

Saúde e Bem-Estar #2
Heilsufar og Vellíðan #2

Alergia	Ofnæmi
Anatomia	Líffærafræði
Apetite	Matarlyst
Caloria	Kaloría
Corpo	Líkami
Dieta	Mataræði
Digestão	Melting
Doença	Sjúkdómur
Energia	Orka
Genética	Erfðafræði
Higiene	Hreinlæti
Hospital	Sjúkrahús
Humor	Skap
Infecção	Smitun
Massagem	Nudd
Peso	Þyngd
Recuperação	Bata
Sangue	Blóð
Saudável	Heilbrigður
Vitamina	Vítamín

Tempo
Tíminn

Agora	Núna
Ano	Ár
Antes	Áður
Anual	Árlega
Calendário	Dagatal
Década	Áratugur
Dia	Dagur
Futuro	Framtíð
Hoje	Í Dag
Hora	Klukkustund
Manhã	Morgunn
Meio-Dia	Hádegi
Mês	Mánuður
Minuto	Mínúta
Momento	Augnablik
Noite	Nótt
Ontem	Í Gær
Relógio	Klukka
Semana	Vika
Século	Öld

Tipos de Cabelo
Hárið Tegundir

Branco	Hvítur
Brilhante	Glansandi
Cachos	Krulla
Careca	Sköllóttur
Cinza	Grár
Colori	Litað
Curto	Stutt
Encaracolado	Hrokkið
Fino	Þunnur
Grosso	Þykkur
Loiro	Ljóshærður
Longo	Langt
Marrom	Brúnt
Prata	Silfur
Preto	Svart
Saudável	Heilbrigður
Seco	Þurr
Suave	Mjúkur
Trançado	Fléttum
Tranças	Fléttur

Universo
Alheimurinn

Asteróide	Smástirni
Astronomia	Stjörnufræði
Atmosfera	Stjórnmál
Celestial	Himneti
Céu	Himinn
Cósmico	Cosmic
Eon	Eon
Equador	Miðbaugur
Galáxia	Galaxy
Hemisfério	Jarðar
Inclinar	Halla
Latitude	Breidd
Longitude	Lengdargráðu
Lua	Tungl
Órbita	Sporbraut
Solar	Sól
Solstício	Sólstöður
Telescópio	Sjónauki
Visível	Sýnlegt
Zodíaco	Dýrir

Vegetais
Grænmeti

Abóbora	Grasker
Aipo	Sellerí
Alcachofra	Artihoke
Alho	Hvítlaukur
Batata	Kartöflu
Beringela	Eggaldin
Brócolis	Spergilkál
Cebola	Laukur
Cenoura	Gulrót
Chalota	Skalottlaukur
Cogumelo	Sveppir
Ervilha	Pea
Espinafre	Spínat
Gengibre	Engifer
Nabo	Næpa
Pepino	Gúrku
Rabanete	Ræðja
Salada	Salat
Salsa	Steinselja
Tomate	Tómat

Veículos
Ökutæki

Ambulância	Sjúkrabíll
Avião	Flugvél
Balsa	Ferja
Barco	Bátur
Bicicleta	Reiðhjól
Caminhão	Vörubíll
Caravana	Hjólhýsi
Carro	Bíll
Foguete	Eldflaug
Furgão	Van
Helicóptero	Þyrla
Jangada	Fleki
Lambreta	Vespu
Motor	Mótor
Ônibus	Rútu
Pneus	Dekk
Submarino	Kafbátur
Táxi	Taxi
Transporte	Skutla
Trator	Dráttarvél

Xadrez
Skák

Aprender	Að Læra
Branco	Hvítur
Campeão	Meistari
Concurso	Keppni
Desafios	Áskoranir
Diagonal	Ská
Estratégia	Stefnu
Jogador	Leikmaður
Jogo	Leikur
Oponente	Mótmælandi
Passivo	Aðgerðalaus
Pontos	Stig
Preto	Svart
Rainha	Drottning
Regras	Reglur
Rei	Konungur
Sacrifício	Fórn
Tempo	Tími
Torneio	Mót

Parabéns

Conseguiu!

Esperamos que tenha gostado tanto deste livro como nós gostamos de o desenhar. Esforçamo-nos por criar livros da mais alta qualidade possível.
Esta edição foi concebida para proporcionar uma aprendizagem inteligente, de qualidade e divertida!

Gostou deste livro?

Um simples pedido

Estes livros existem graças às críticas que publica.
Pode ajudar-nos, deixando agora uma revisão?

Aqui está um pequeno link para
a sua página de revisão:

BestBooksActivity.com/Avaliacoes50

DESAFIO FINAL!

Desafio nº 1

Está pronto para o seu jogo grátis? Usamo-los a toda a hora, mas não são tão fáceis de encontrar - aqui estão os **Sinônimos!**
Escreva 5 palavras que encontrou nos puzzles (nº 21, nº 36, nº 76) e tente encontrar 2 sinónimos para cada palavra.

Escreva 5 palavras de *Puzzle 21*

Palavras	Sinônimo 1	Sinônimo 2

Escreva 5 palavras de *Puzzle 36*

Palavras	Sinônimo 1	Sinônimo 2

Escreva 5 palavras de *Puzzle 76*

Palavras	Sinônimo 1	Sinônimo 2

Desafio n° 2

Agora que já aqueceu, escreva 5 palavras que encontrou nos Puzzles (n° 9, n° 17 e n° 25) e tente encontrar 2 antônimos para cada palavra. Quantos se podem encontrar em 20 minutos?

Escreva 5 palavras de **Puzzle 9**

Palavras	Antônimo 1	Antônimo 2

Escreva 5 palavras de **Puzzle 17**

Palavras	Antônimo 1	Antônimo 2

Escreva 5 palavras de **Puzzle 25**

Palavras	Antônimo 1	Antônimo 2

Desafio n° 3

Óptimo! Este desafio final não é nada para si.

Pronto para o desafio final? Escolha 10 palavras que tenha descoberto nos diferentes puzzles e escreva-as abaixo.

1.	6.
2.	7.
3.	8.
4.	9.
5.	10.

Agora escreva um texto a pensar numa pessoa, num animal ou num lugar de seu agrado.

Pode utilizar a última página deste livro como um rascunho.

A Sua Composição:

CADERNO DE NOTAS:

ATÉ BREVE!

A equipa Inteira

DESCUBRA JOGOS GRATUITOS

GO

↓

BESTACTIVITYBOOKS.COM/FREEGAMES